HIGH EQ

高情商沟通

好好说话 高情商不尬聊

张 磊◎著

COMMUNICATION

北京时代华文书局

图书在版编目（CIP）数据

高情商沟通 / 张磊著. -- 北京 : 北京时代华文书局, 2019.2
ISBN 978-7-5699-2945-4

Ⅰ. ①高… Ⅱ. ①张… Ⅲ. ①心理交往—通俗读物 Ⅳ. ①C912.11-49

中国版本图书馆CIP数据核字(2019)第015724号

高情商沟通

GAO QINGSHANG GOUTONG

著　　者 | 张　磊

出 版 人 | 王训海
选题策划 | 王　生
责任编辑 | 周连杰
封面设计 | 尚世视觉
责任印制 | 刘　银

出版发行 | 北京时代华文书局 http://www.bjsdsj.com.cn
北京市东城区安定门外大街136号皇城国际大厦A座8楼
邮编：100011　电话：010-64267955　64267677
印　　刷 | 三河市冠宏印刷装订有限公司　电话：0316-3650999
（如发现印装质量问题，请与印刷厂联系调换）
开　　本 | 889mm×1194mm　1/32　印　　张 | 8　字　　数 | 165千字
版　　次 | 2019年4月第1版　印　　次 | 2019年4月第1次印刷
书　　号 | ISBN 978-7-5699-2945-4
定　　价 | 38.00元

目录

第三章　高情商营造的气场才能彰显气质

第四章　高情商沟通法宝1善于倾听

第五章　高情商沟通法宝2懂得幽默

第六章 高情商沟通法宝3学会赞美

第七章 高情商，不同的说服与拒绝

第八章 高情商沟通，陌生人瞬间变熟人

第九章 练就职场高情商沟通力

第一章　高情商是第一核心竞争力

第一节
情商高，谁都愿意和你交往

前几天，有一位哥们突然大半夜在朋友圈大发感慨："自己的情商低得像个弱智，这个世道没法混呀。"后面还衬了一个哭丧脸。

尽管是哥们，他周围的人也不方便问他到底为何发出如此感慨，估计他最近办了什么傻乎乎的事，得罪了什么人或者被怂了一顿，才去朋友圈里吐槽。环顾我们周围，我们所认为的情商高的人，到底高在哪里呢?

有人说情商高就是会来事儿，他总能左右逢源，例如官场上的"不倒翁"；有人说情商高就是会说话，不管什么话一从他嘴里出来，怎么听着都让人舒服；有人说情商高就是脾气好，心宽体胖，从不抱怨，善于忍让……

其实，以上这些都属于情商高的体现。

在处理相同的事情上，情商的高低产生的结果也会大相径庭。在南方某个小城镇，天天上演着一个普普通通的故事——接孩子放学。

整个上午，雨时断时续，临近中午放学还是淅淅沥沥，学校门口不远处路口的过街天桥下横七竖八地堆起了不少车辆，这些都是来接孩子放学的，往常并没有这么拥挤，但是今天下雨，所以路面非常堵，这也是小城镇的通病。

这所小学上午11点50放学，孩子们从教室出发经过校园再穿半个街道到天桥下，10分钟就够，也就是说家长在12点是可以接到的。如果老师临时延长几分钟课，那么孩子们在12点10分左右也是可以见到家长的。家长们似乎都很默契，按常规来接自己的孩子。可是那天却比较反常，左等不见孩子，右等也不见孩子，真是望眼欲穿。这时已经到了12点20分，这10多分钟时间不算长，但看在什么地方，有的路段就不可以长时间停车，10分钟足可以被探头拍照罚款，比如这个天桥下就有探头。

有一个家长在车里打了几十个电话，孩子也不接，按照常理这第四节课是一般的副课，比如音乐，所以同常会十分准时地放学。非常关键的是，孩子一如往常一放学就给家长通了电话，很简单，说放学了。

这时这位家长就开始天马行空地猜想了，在这个雨天，围绕着为什么放学半小时了还不见孩子影子，尤其是孩子死活不接电话。既然已经通过一次话了，那就说明放学了，是不是这10分钟的路程上出了什么问题？即使老师临时布置什么事情，也不至于半小时。

班里有QQ群，老师如果有事也该提前打个招呼，今天也没动静，这到底怎么了？新闻上也讲过陕西某地有人在孩子放学时行凶嘛，不得了，不得了，想到是不是孩子在路上出事就不由自主地焦急烦躁起来，可是，时间不等人，天桥下停时间长了真要被罚款的，人也不能离开车，况且车一多也会有碰撞。过了12点20分，孩子手机接通了，原来是在放学的时候，数学老师带着数学作业进了教室，数学作业不理想，把孩子们留了下来。这一留就是半小时，这半小时远远超过家长的预期。

这位焦急的家长等孩子放学期间，前面有一个车往后退，差点就把他的车头给碰上了，急得他连连拍喇叭，新车才买几天就被蹭了多可惜，白毛汗都吓出来了，你想想，为了接孩子被罚款，车再被“吻”一下，该多倒霉。

终于，孩子上车，这位家长立即火冒三丈，对着孩子劈头盖脸说了起来，为什么不接电话？说一句能怎么样？如果时间长了我可以想别的办法去别地方转转，不要傻等。还以为你小兔崽子出什么事啦！这老师为什么不提前说一下？回家得几点了？中午时间本来就很短暂，等等。

终于气不过，这位家长给老师发起了微信，进行了“声讨”，老师也据理力争，一脸的委屈，为了孩子成绩，这个中午都是吃剩菜冷饭，还不被家长理解，当老师容易吗？

不欢而散，家长和老师吵了一顿，老师懒得理这位家长，家长也看老师不顺眼，但孩子还得去学校上课，还要面对老师。

这是一个关于沟通的事件，老师和家长的不愉快其实完全可以避免。现代的通讯那么发达，几乎每个班都有班群，老师临时加了长课，打破了常规，可以通过QQ群通知的方式，或者让孩子打电话（多数孩子都戴着电话手表）通知家长，告诉家长晚接，家长自然会安排好时间，不会摸不着头脑地胡猜乱想。初衷都是好的，家长担心孩子没错，老师为了孩子成绩着想加课也没错，孩子为了课堂秩序不接电话也没错，错就错在了沟通上。如果换另一种交流方式，比如无论多么急，见到孩子面时也要和颜悦色，毕竟孩子上了半天学也比较累。因为当时大家都没好情绪，就可以缓一下，换个时间和老师委婉地交流。多从对方角度考虑问题，就不难找出解决问题的方法。老师呢，也提前想到放学的点各位家长在等，提前通知一下。这样各方都加深了了解，老师觉得家长特别理解老师，乐意和家长沟通。家长由衷地感谢老师的辛勤付出，也会心存感恩，报之以礼。孩子觉得家长是位好父母，家里也会父慈子孝，其乐融融。

高情商的沟通不但可以使一片乌云很快就散，还会使整个天空五彩缤纷。哪里还会不欢而散呢?

我们在和别人交往中，在职场、商场，在家庭里，在一个群体中，高情商的沟通无不显示出它灿烂的光辉，只要你行走在这个世界上，混迹着这个江湖，你不可能不和人打交道。毫无疑问，我们喜欢情商高的人，他们在交往中也总是立于不败之地。但是情商不是与生俱来的，常说的“老奸巨猾”和“姜还是老的辣”虽然不怎么好听，但他们的为人处事是非常老道的，在一定程度上反映出来——高情商可练。人一旦经历得多起来，情商也会随之提高。只要训练得当，每个人都有可能成为一个高情商的人。

第二节
控制情绪，才能反败为胜

法国著名军事家拿破仑曾经说过：“能控制好自己情绪的人，比能拿下一座城池的将军更伟大。”

的确，控制情绪是一件很不容易做到的事情，将自己的情绪表露出来是人类的本能。但是同时，作为具有社会属性的人，我们也需要学会控制我们的情绪。需要分清楚什么时候，什么场合，该做什么事情，才有可能成功。

马云在一次浙商大会上说：要想成功，必须情商强大。克制情绪是高情商的必修课之一，所以，要想成功，就要学会克制情绪，进而达到更加顺畅的沟通。

我身边的朋友，要说到情商高，就要属李姐了。她仅仅用了两年时间就由一个小组长，提升成了部门经理。如此之快的晋升速度，除了她过硬的业务能力，当与她的高情商处事密不可分。

李姐还只是一个小组长的时候，有一天，在一次策划选题会议上，她发现自己小组的创意被别的组盗用了。

就像电视剧上的狗血情节，从开头到结尾，那个小组的PPT的每一页都和李姐组的异曲同工。然而，那个小组展示在先，李姐小组即使是原创者，也有口难辩。

当时，李姐小组的每个人都被气得七窍生烟，当场就想和那个小组的人撕破脸，指责他们抄袭。但是，李姐瞧了瞧这些忿忿不平的人，示意他们不要吵闹。

当轮到李姐上台的时候，她拿出了之前被放弃的另一套方案。当然，这次选题会结果是，李姐小组没有拿到这个策划的优胜。

散了会之后，李组小组义愤填膺，纷纷围着李姐，想要她带领去讨个说法。

然而李姐却没有这个打算，她说，“你说别的小组盗用了我们的创意，你们有证据吗？”大家顿时沉默了起来，摇了摇头。

“没证据，如果去找人家，不仅我们组讨不到半点好处，还会闹得很难看，你们愿意这样吗？”大家继续摇了摇头。

“前一个方案以后有机会再说，但方案没有最好，只有更好，我相信大家有能力再做一个更好的方案出来，大家一会开个会讨论一下。”李姐说完，转身掉头，似乎刚才什么都没有发生。

故事的结局是，李姐第二次的选题优胜其他小组，获得了公司领导的一致肯定。在这之后的时间里，李姐这一组的人，对于自己的选题创意的保护，进行了科学管理，再也没有发生过选题创意被盗事件；而最初盗用的小组因为李姐的不追究，心生惭愧，在工作的其他方面给出了积极的配合和全力支持，两个小组的配合度是全公司最高的。

李姐看得远，想得全，能忍耐，避免了一起争端，将敌人变成了朋友，透露出满满的高情商。

《奇葩说》的“辩论之神”黄执中在节目中说：

人生的困扰，说到底，十之八九，都出在人际关系。而人际关系的困扰，说到底，十之八九，都是因为沟通出了问题。

生活中，我们绝大多数的纠结与困惑，愤怒与失落，根源都来自我们怎么与别人对话、协商、争论、说服，但现实生活中，我们往往忽视了沟通表达的复杂程度和重要程度。卡耐基曾说：“沟通能够带来其他知识所不能带来的力量，它是成就一个人的顺风船。”所以说，“所谓情商高，就是会沟通。”

普林斯顿大学对1万份人事档案进行分析，结果：“智慧”、“专业技术”、“经验”只占成功因素的25%，其余75%决定于良好的人际沟通。同时，哈佛大学的一项调查显示：在500名被解职的职员中，因人际沟通不良而导致工作不称职者占82%。

会高情商沟通的人，总能四两拔千斤，“化腐朽为神奇”，因而常与成功相伴。而不懂得还可能会因为一张嘴，搞砸整件事。

曾经，在一档著名主持人何炅主持的节目中，一位年轻艺人当着何炅的面，直言在湖南台只认识主持人何炅，不认识汪涵。这位艺人有夸赞何炅的成份，难免厚此薄彼。这样的场面，无论赞同还是否认都会显得尴尬。没想到何灵却机智回应："那你肯定不红，因为红的人都必须要上过汪涵老师的节目。"

这种高情商的反应，就是让人相处起来感觉特别舒服，既能给巧妙地朋友留面子，又不让自己显得虚伪做作；既不用靠贬低别人来突出自己，也不必妄自菲薄来抬高别人。

张老师就是这么一位让人感觉特别舒服的人，大家都愿意和他交往。有一次，张老师和同事们一起出去聚餐。因为忙着点菜，张老师忘记了向领导敬酒。领导最后耐不住性子，过来主动和张老师喝了一杯。我以为张老师会尴尬，没料想到张老师说：你主动敬我酒，这是对的。如果是我主动敬你，看起来很谄媚，你主动敬我，就是"礼贤下士"了。

领导哈哈大笑，尴尬顿时化解。所谓高情商，大概正是如此：你的所作所为，都会为别人考虑，大家和你相处起来不累，都愿意和你交往。

有研究说，人的一辈子，30岁以前，可能要同4000人打交道。如果有机会去观察这4000人，你一定会发现，真正的高情商，其实就是两个字：舒服。

高情商的人，相处会让人舒服，办事会让人舒服。他有着自己的分寸感和界限感，宽厚，真诚，懂得体谅，懂得换位思考。为人处世中，他不会增加别人的负担。就算有着不快，有小的危机，他也会提前化解，不会让他人难堪。毫不夸张地说，一个人情商的高低，决定了你能够走多远。你让他人舒服的程度，决定了自己生活舒适的程度。

在这个时代，情商已然成为了一项核心竞争力，变得越来越重要。你智商高、情商也高，春风得意；你智商不高、情商高，贵人相助；你智商高、情商不高，怀才不遇；你智商不高、情商也不高，一事无成。

高情商的人，通常都不会混得太差。

第三节
高情商不只是说

大多数人对沟通有一个错误的认识，认为沟通就是说说话而已。其实沟通涵义要远比谈话包含的范围广博。沟通可不止是说，也不止是听，那只是其中的一部分。千万不要忽略了行动这种无声却最具感染力的“语言”。

我们有丰富的肢体语言，这是沟通。我们可以做出各种相应的行为举措，这也是沟通。如果真的静下心来认真分析，你就会发现，实际上行为比任何语言都更具沟通效力。

梅贻琦曾说：“行胜于言”，“行胜于言”不是不言，而是言必求实，以行证言。“行胜于言”是清华大学“校风”，也是清华精神中“重视实干”的体现。苏轼说过，古之成大事者不唯有超世之才，亦有坚忍不拔之志。不去行动怎么会扬志？一肚空话，一腔热血，一纸滥语，又有何用？荀子曾经感慨地说：“道虽迩，不行不至；事虽小，不为不成。”

俄国作家屠格涅夫笔下的文学典型人物罗亭，曾被列宁称为“语言的巨人，行动的矮子”。罗亭留学法国，心里充满了改造社会的愿望与宏伟理想。他具有雄辩的演讲才能，能使用美妙动人的言辞。他肯定真理与人生，讴歌科学与文化，高谈阔论，牺牲自己的小我谋福利。这些常常使听众激动万分，钦佩不已。但在行动上罗亭却一事无成。他想投身教育，可一遇到障碍，他就动摇、屈服、退却。最终他的宏图大计均以失败而告终。

行胜于言。无论何时何地，行动都比空泛的言论有更强大的作用。在沟通当中，也是如此，你的实际行动，胜过千言万语。有一个非常经典的例子，可以说是沟通中“行胜于言”最好的诠释。

你可能想不到日本邮政大臣野田圣子以前是个刷马桶的酒店服务员，她之所以能够从一个酒店服务员升到一国的邮政大臣，和一次成功的沟通有非常大的关系。

当时野田圣子还是一个花季少女，她的第一个工作就是当东京帝国酒店的服务员。刚开始，她的内心特别激动，以为这是自己迈向成功的第一步，一定要努力努力再努力。然而，令她感到意外，酒店居然让她负责刷马桶！

谁喜欢做这种又脏又累的工作？况且刷马桶的情景和一个美貌如花的少女形象反差太大。当她把手伸进马桶去清洁时，那种感觉几乎让她晕倒在地。更让她感到难以接受的是，酒店居然要求她必须把马桶刷得像是新的一样。开什么玩笑，这是在刷马桶，又不是在刷碗，有必要提出这么苛刻的要求吗？她心里有一万个不服气，却没敢把自己的想法说出来，只是在心里暗暗生闷气。

野田圣子从内心对这份工作有抵触心理，做得自然不好。

就在野田圣子想打退堂鼓时，一位对她产生了重大影响的“贵人”出现了。这是一个曾干过刷马桶工作的前辈，他没有对野田圣子说太多的话，直接将她带到酒店的卫生间。他蹲下身去，仔细擦洗马桶，就像是在擦一件价值连城的艺术品。他专注的表情，认真的样子，像是一幅动态的图画，震撼着野田圣子的视觉神经。她从没想过，刷马桶也可以是如此神圣的事，真的，这位前辈给这份工作附上了灵魂。

她呆呆地看着前辈刷完马桶，心情十分激动。就在这时，一件更令她意想不到的事发生了，她整个人如同被闪电击中，心灵被彻底震撼。那位前辈居然从容地从马桶里舀了一杯水，一饮而尽。

前辈回过头来看着她，说：“看，这就是光洁如新的标准。”

野田圣子内心激动不已，她热泪盈眶，并明白了一个道理：“任何工作，都可以做得非常出色！”

于是，她从一个刷马桶的服务员，一步一步走到了邮政大臣的位置。但对她来说，无论是刷马桶的服务员还是政府官员，他们的工作都是神圣的，都应该认真对待，做到最好！

在野田圣子的事例中，领导们肯定跟她说过很多次，但都没能真正让她明白应该怎样去刷马桶，可以说次数虽多，但都是无效的。那位前辈只和她沟通了一次，而且全程几乎都没和她说过话，却一下子唤醒了她的激情。这就是行动在沟通中的巨大作用。

除了在沟通中需要行动之外，在语言沟通过后，也需要行动来保证沟通的真正成功。一般我们会认为两个人交谈完毕，沟通也就结束了。事实并非如此，很多时候，交谈结束其实只是沟通的开始。老鼠拉铁锹，大头在后头，行动才是决定沟通是否真正成功的关键。做得好比说得好更重要，我们永远要做得比说的好，做得比承诺的多。

两口子吵架，一般都是互相忍了很久了，这才爆发一场激烈的争论。那么，平时他们没有沟通吗？沟通之后没有把问题解决吗？不是的，他们肯定有沟通过，沟通过后，问题也好像是解决了，至少表面看起来是那样。一般一方犯了错误，向另一方保证以后要怎样怎样，或者双方都有错误，互相答应以后要如何如何。他们再次争吵，原因就在于有人说到做不到，让另一方或双方都忍无可忍。由此可见，沟通过后的行动，在沟通中其实起着决定性的作用。

言而无信是人们最看不起的一种行为。什么是言而无信，不就是双方沟通之后不能化作实质的行动吗？所以，言语交流之后的行动也是沟通的一部分，而且是最重要的一部分。

“所以，任何事情，都需要用行动说明事实。生活在现代物质社会，已不是“理屈词穷”的时代，而是“理屈词无穷”的纷杂时代，说服一个人，甚至说服一个社会，用行动去完成自己要说的。那些有理想而无行动的人，只能在梦中得到收获。行胜于言，万物于行中运转，社会于行中发展，人生于行中辉煌。

第四节 是否擅沟通与内向没关系

人们一般认为内向的人不善交流，口才水平不高；外向的人天生的就善于交流，人来风一样，随时都有话说，其实这是误解。内向、外向指的是人的心理活动的外倾性，简单的说就是把心理活动表现出来的倾向。比如心里很委屈，外向的人倾向于表现出来，比如和别人交流，把这种委屈说出来，甚至于大哭一场。而内向的人倾向于埋藏心底，选择自己承受和消化。

而沟通指两个人之间的信息进行有效、准确的传递。很多人性格外向，但是沟通能力并不一定强，话虽然不少，但是一件事说了半天也没表达清楚，还经常因此和别人急。而有些人话不多，但是一句话就能说到点儿上。还有很多外向的人还没等对方说完，就打断对方，觉得自己已经明白对方的意思了，但是结果证明理解错了。而内向的人稳稳当当，不急不躁，等对方说完，因此在信息的理解上更完整和准确。

由此可见，沟通与性格没有特别直接和绝对的关系。

如果一定要说交流的能力和与性格有关，那是指外向的人更倾向于人际交往，更喜欢在大庭广众之下展示自己；而内向的人对人际交往的愿望不怎么强烈，他不想交流，甘愿默默旁观。

当某人过于内向、人际关系不好时，他就会想方设法学习人际关系技巧。学了一些微笑、聆听、赞美、感恩、记住别人名字等等，以为有了这些技巧，就能改善人际关系。但实际情况没那么简单。

人际交往的大师告诉我们要有爱心。但过分的爱心会使你迁就对方、容忍对方。而人的忍耐是有限度的。当你忍到一定程度无法再忍耐时，就会有个总爆发，这反而破坏了你与他人的关系。

许多内向的人之所以无法拥有良好的人际关系，不仅是因为缺少爱心，还因为缺乏勇气。爱心让你关怀对方，勇气让你勇于表达自己。只有爱心与勇气的平衡，才能产生良好的人际关系。

就象一个人要取得个人成功需要信赖自己、要有自信一样，一个人要拥有良好的人际关系需要信赖他人、要有对他人的信赖。你对人诚信、关爱，是为了赢得他人对你的信赖。内向的人要想展开人际交往，最最重要的就是要树立信赖他人的信念，培养敢于表达自己的勇气。

要树立信念，最简单的方法就是重复！将你相信的观念重复上无数遍，就会变成信念，信念在不知不觉中影响着你每天的言行举止。形成信念的条件有两个：第一是相信，第二是重复。将“我信赖他人”“我热爱交际”每天早中晚各重复一次，每次30遍。这样坚持一个月，累计就能重复几千遍，就会形成信念，并体现在你每天的言行里。你会发现你的人际交往正在逐步地展开。

良好的人际关系在于勇气与爱心的平衡。对内向的人来说，更重要的可能还是增加自信、勇气！

1. 多说：人有两个耳朵一张嘴，所以应该多听少说。但对内向的人来说，重要的是培养自信、勇气。如果你不说，如何培养自信、勇气？因此，只要有机会，你就应该我说、我说、我说说说！只有这样，才能练出你的自信和勇气。

2. 多表达情感：人际关系靠的不是智商（IQ），而是情商（EQ）。一般内向的人都自认是个非常理智的人，总是压抑自己的情绪，不喜欢表露情感。内向的人理智惯了，总希望自己说的话百分之百的客观、准确，其实却是枯燥乏味，毫无生机。而且这对知识的要求非常高。如果别人说的话题你不熟悉、不了解情况，这时你就没话可说了，只能傻呆着。其实你大可不必如此。你可以表达自己听了别人说的话之后的感受嘛！是感觉高兴、兴奋，还是伤心、失望？你应该多表达自己的感觉、感受。

3. 多谈论自己：要谈论对方感兴趣的事，多谈论对方，少说自己。但如果你真这样做，过分在意别人，你可能更不敢说话了。因此，为了锻炼你的自信和勇气，尽管谈论自己吧！当然还有其它许多许多。只要你愿意谈，都尽管说。因为是你自己的事、你的亲身经历，你自然会说得声情并茂、生动有趣。这比你只是附和别人的观点，说些无关痛痒的话，强上百倍！

4. 多参加一些活动，这样你就可以接触更多的人，找到一些共同的兴趣爱好，那么你也就有更多与别人交流的机会，这样你们可以聊的共同的话题就更多了。

以上这些方式，都需要很大的勇气和自信。所以只有你迈出了你的第一步，以后的一些事情都会比较顺利的。

第五节
不要为了沟通而沟通

为了沟通而沟通，这是一种极端反应。有些单位会议很多，在固定的时间，比如周一、周五，不管有没有重要的事，按惯例也要到时开会，但参加会议的人并没有真正的收获。通过开会，大家彼此的感情似乎加深了，也都试图通过会议沟通解决一些问题，但不见得通过这一次又一次的会议真的能解决掉。这样就陷入了为了沟通而沟通的怪圈。从一定意义上来说，作为管理者的一个重要任务就是通过组织架构设计减少这样的让大家忙而无效的沟通。

沟通的误区大量存在我们实际的工作中，大家往往做着表面文章，而没有深层次的理解和领悟沟通，导致公司沟通不畅，执行力偏差。

1. 要以对方确认收到你传递的信息为准

有一次老张出差，公司的小王需要打电话给在外地的老张通知公司相关事项，但老张正在和客户谈话不方便接听，于是小王发了一条短信告知。虽然老张一直没有回复，但是小王觉得老张看了短信就明白了，没想到对方后来说没有收到短信，导致了延误。在这件事里，虽然小王认为通知了，但没有确认对方已经知悉，沟通的目的其实没有达到。

2. 要以对方听得懂的话来沟通

有一次，禅师和弟子外出化缘，弟子在路上看到一条死去的小狗，非常难过，想为它超度，但他没超度过动物，不知如何是好，心想：就和人一样的办吧！于是，弟子捡来了一些树叶，覆盖在小狗身上，自己端坐在旁边，开始严肃的为小狗诵经超度。禅师化缘回来寻找弟子，看见弟子在诵经，就问他说："你念这么深的经给一只小狗听，它怎么听得懂呢？"禅师把化缘得来的食物放在小狗身边，揭开它身上的树叶，对小狗说："你好好的吃吧！希望下辈子去往生善处，天天都有好东西吃！"弟子在一旁看了大悟，原来这就是为小狗念的经呀！

这位弟子诵了高深的经，其实一条小狗的愿望也就是吃喝而已，把简单的问题复杂了。

3. 沟通要简洁，切中要害

沟通不是闲聊，如果一个人说有事，需要快速进入正题，现在生活节奏快，每个人的时间精力都很宝贵，努力在最短时间内达到沟通的目的。

4. 沟通的目的是让对方接受自己的想法，而非把对方驳得哑口无言

能言善辩固然好，但如果用得不好，把对方驳得哑口无言，非但不能实现目的，还可能跟人结怨。

某单位卫生间的垃圾桶，原来一直在马桶的右手边，最近可能是换了保洁员，这个垃圾桶从右边移到了左边，看来是新保洁按自己的方式重新安排了垃圾桶的位置。这样一来，人们习惯性右手擦屁股，用右手扔的方式变得不太适应，必须向左投，这样一来垃圾桶周围都是脏纸，而之前就没发生过这样的问题。于是单位里一位老大叔发微信圈调侃了一下：把卫生间的垃圾桶放在左边的人，要么是左撇子，要么就是没长脑子。

大叔的话猛一听起来有点刺耳，可能带有调侃性质。用过的手纸，从右往左的抛出去准确率就会降低，所以还需要每天不断地清理垃圾桶周围，很显然这位清洁员工作上出现了失误，给人们造成了不方便，才导致自己不方便，天天进行多余的工作。

没成想一个姑娘在他下面留言说，每次见到垃圾桶在右侧的时候都很无奈，这个世界就不会考虑下左撇子的感受么？然后第二天，她又特地给大叔发了一条私信，大致意思是说，原本很欣赏你的，但是看了昨天你发的那条微信，觉得你实在不尊重保洁，有一种瞧不起她们的意味，她认为和大叔不是一类人，已经完全没有了沟通的必要，所以把大叔拉黑了，还教育他说，这个世界的任何人都值得尊重。

这位姑娘很善良，大叔真的很想为她的这份善良点赞，但

是已经被拉黑了，还没来得及跟她解释。要知道这位大叔从不往垃圾桶外丢手纸，更不会为了方便直接把手纸丢进马桶里堵下水道，每次上完厕所都会冲，遇见保洁员擦地的时候，他都是绕着走，不去踩还没干的地板。他认为，尊重一个人的表现，不是持有一颗怜悯之心，一副圣母的姿态，而是不添乱不添堵，做好自己分内的事情。他认为工作性质分脑力跟体力，凭着自己本事做事，没有高低之分，这个姑娘凭什么把保洁归为了弱势群体？又凭什么认为他保歧视她们了？这只是一个略有开玩笑性质的建议而已，被误解的滋味不好受，大叔心里虽然很委屈，也不好为了这件事专门找这位姑娘理论解释一番，求她谅解？至于吗？为了沟通而沟通自然不好。

沟通不是目的，不是为了沟通而沟通。沟通是为了互相理解，沟通是不至于造成人们之间的误解。如果目的不明确，就意味着你自己也不知道说什么，自然也不可能让别人明白，自然也就达不到沟通的目的。你知道应该向谁说、说什么，也知道该什么时候说，但你不知道怎么说，仍然难以达到沟通的效果。沟通是要用对方听得懂的语言——包括文字、语调及肢体语言，而你要学的就是透过对这些沟通语言的观察来有效地使用它们进行沟通。

“态度决定一切”时下很流行，也的确有一定的道理。一个人的心态决定了一个人的态度。当然，沟通中的心态也非常重要。沟通心态是根，沟通知识、技能是叶，沟通的目的就是指引大树成长的树尖。树尖朝向不对，这棵大树就要长歪甚至毁灭。

第六节
高情商的人，从不会说“我说话直，你别介意”

在一个公司里，有一个性格特别直爽的人，大家很喜欢他，但是他有个缺点，就是说话太直。

他昨天跟朋友抱怨：“我说话吧，不会藏着掖着，有时候没说几句话就得罪人了，我也很无奈啊，可是我就是这样的性格。”说话太直，容易得罪人的小伙伴们，你是否总觉得别人把你的“好心当作驴肝肺”？其实，你要做的不是怀疑对方不理解你，而是要反思一下自己的表达方式是不是有问题了。

小美前一阵怀孕到三个月的时候流产了，老公告诉婆婆，婆婆直接来了一句：“家里忙死了，你们还在那儿添乱……”

当时小美失去孩子，已然痛苦至极，婆婆这话究竟什么意思呢?

“我妈说话直，你别介意。”老公也不知道应该怎么安慰。

“我说话直你别介意”这样道歉是不是很耳熟。毒舌伤到人之后，大家一般都会这么辩解：我只是说了实话，我是有一说一。我一直在想，真的是因为我们太诚实太客观吗？

下面请看直言哥的一天。

早上，直言哥去甲方公司开会，遇见甲方的老板娘。短短一个春节假期不见，老板娘胖若两人。重如泰山的她，如今有赶超喜马拉雅山之势。老板娘迎面冲着他微笑，他总要说点什么吧："你怎么胖了那么多啊，妥妥地把这件香奈儿穿成了地摊货。"

不一会儿，直言哥收到了老板娘的秘书的微信："今天会议取消了，我们会换其他的广告公司，不好意思。"

下午，老板告诉直言哥，晚上陪他去和某客户吃饭。他直言不讳地告诉老板：其实晚上陪你出去应酬，无聊透顶。你们谈话内容一点没营养，以后能不叫我就别叫我了吧。

然后……HR就来找他谈话了。

收拾东西，离开公司的时候，算是今天最走运的一刻。电梯的人里面，插着一朵鲜花的，正是楼上公司的女神。关注她很久了，一直想找机会和她说话。没想到女神在电梯里先开口了，对着身边的同事低声说：好臭哦。有没有闻到？

作为一个有一说一的人，直言哥坦诚相告：屁是我放的。

我们只是举一下例子，说明直来直去讲话带来的后果。事实上，这个世界上根本不存在直言哥这样对所有人都直来直去的人。

总有些人说话直。"我说话直你别介意"这句话又可以理解为"每一句很直的话都有另一种委婉不伤人的说法，但此刻我并不想委婉。”

就像上次，我们一个同事问他这段文字介绍可不可以这么写，他看了一眼就说：“这一看就是智商不在线的人写的，里面好几个词翻译的都不准，你哪找来这种社会边角余料干的事啊？放着吧，我一会给你弄。”同事当时脸就拉下来了：“这是我翻译的。”

他有时说话确实不中听，但也真没有什么坏心眼儿，你看他还很热情地帮你做事情。不过，如果不是朋友之间非常包容，或者彼此没那么了解，就很容易产生误会。有些人直肠子、一根筋，明明一开口就跟开了霰弹枪似的，一打一大片，开口就得罪人，但是自己还意识不到。如果你以朋友的身份指出来，他反而会以此为傲：“直有什么不好，说明我心里不藏事儿，不会对人耍心眼儿。”但是讲真的，说话太直接，不一定能达到理想中“沟通顺畅，全无隔阂”的效果。

这并不是说，心直口快就是不好的，而是在人际交往中，有些话确实不能说得太直白，要顾及到对方的情面和实际情况。而在说话很直的人眼里，只有对错、只有真假，而不会针对具体情况加以分析。

聊天的过程中，不是只有信息价值的，还有情感价值。人们希望在聊天的过程中获得情感反馈。那么该如何避免说话太直？

1. 不要轻易发表意见

我们都知道在路边随意停车是不好的，容易影响交通。你在跟人聊天的时候说：“在路边乱停车的人，驾照都是买来的吗？

还是眼睛瞎，看不到‘此处禁止停车’啊？我跟你说，随便在路边停车的人脑子都是被枪打过的。”

但是你可能不知道的是，对方昨天晚上去幼儿园接孩子，刚好车位都被占满了，他怕孩子找不到自己，于是在路边违规停了两分钟，接上孩子马上就走了，也没有影响到别人。

但你这么慷慨激昂，对方心里就很不是滋味儿，莫名觉得自己被骂了一通，还会觉得你这个人不通人情。

所以我们不要轻易发表意见，尤其是带有明确立场的意见，更不要扩大打击面，随意圈定一个人群。

2. 要礼貌用语

如果你一时改不过来说话太直的毛病，可以学着在每次对话的开头加上一些礼貌用语。说话委婉一些，就会让人感觉更舒服一点。比如当你有话不吐不快的时候，可以这样说：“那个，我有件事不知当说不当说。”通常来说，对方不会说“那你别说了”，而是会让你继续往下说。

此类句子还包括“我不知道我说的对不对啊，我就是随便感慨一下。”“管不了那么多了，反正你们不要介意我啊，我没有针对你们。”“我说话不中听，大家多担待。”等等。

3. 不要多管闲事

当你怀着一颗真诚的心，想要直白地说出一些话时，可以这样对自己说：“我为什么要这么说呢？这跟我有什么关系呢？”

因为有时你可能是好心，但确实是多管闲事。比如你去朋友家做客，朋友特地亲自下厨，想为你做几道拿手菜，可是你到了厨房里，却大呼小叫："哎呀，你怎么能把肉和菜一起炒？要先炒肉再炒菜啊！哎呀，番茄炒蛋怎么能放糖呢？番茄本来就甜！"你的朋友下次再也不会请你来家里吃饭了。每个人的生活习惯和思维方式都不同，要求同存异，不要多管闲事。

这种直白，会让你们彼此之间都很累。可有些说话直的人会这样想："我跟你这么说是不把你当外人啊，换了别人我才不跟他说呢。"这种不把别人当外人的思想并不可取。因为自以为正确甚至高尚的想法，并不是对对方指手画脚的理由。人与人之间，无论关系多好，都是有一个界线的。如果你越过了这条界线，就会触及别人的敏感领域，对你心生戒备。所以我们要明白边界所在，管住自己，不过界。

我们说话是让人听的，如果别人听了不舒服，就失去了表达的意义。因此，不但要说话，还要好好地说。即便你想要反驳对方，或者对方真的说错了，也应该尽量婉转地表达。只顾自己畅快，不顾对方感受，就可能让对方也恶语相向，造成恶性循环。我们总是说，要"三思而后行"。说话之前，自己先想一想："我真的有必要说这些吗？一定要这么说吗？是否有更好的方式？"经过思考说出口的话，不但更容易让人接受，也更有分量。我们在聊天时，要从对方的角度出发，给人基本的尊重，才能让聊天更加愉悦。

第二章 培养高情商，以下几点不可忽视

第一节
塑造第一印象

随着人们生活节奏的日益加快，小到吃饭消费，大到会谈生意，人们都习惯于快速高效。于是就诞生了很多新潮流，比如快餐、网购、微博、微信等，人们巴不得不动地方就可以办好所有事，因此很少有人愿意花更多时间去深入了解一个人，就会利用第一印象来整体判断一个人，这就是心理学上的“首因效应”。

首因效应简单说就是在人际交往中，对方给自己形成的第一印象会在很大程度上影响着日后对这个人的判断。即使这个判断可能有误，但是很少有人会进一步去验证。

由此可见第一印象非常重要，且一旦出现偏差非常难于纠正。比如找对象这种人生大事，可能若干年后夫妻双方都记得第一次见面时彼此的印象；当然，找一份工作，面试官对你的第一印象也很重要，往往面试官在初次见到你的那几秒钟，在你进入面试房间开门关门的一瞬间，内心对你的评判已经定了一大半了，往往这几秒钟的时间决定了一个人的命运。因此，如何在短短的几秒钟给面试官树立一个良好的第一印象，就需要面试者下一番工夫了。第一印象的重要性显而易见。

每个人都力图给别人留下良好的“第一印象”。心理学的研究表明，当面对一个陌生人，当对一个人一无所知时，由于“先入为主”的原因，人们往往偏信第一印象。当人们根据一系列信息去认识某一知觉对象时，人们对最初接受的信息较重视，最初得到的信息比以后得到的信息更有影响力。人们会根据第一印象来解释新信息，对他人进行评价，当新信息与第一印象不一致时，有可能会否认新信息而屈从第一印象，由于第一印象一般是在没有任何背景的情况下形成的，这就容易造成主观片面性变为“成见”。

每个人都多多少少会受到“第一印象”的误导，就连美国总统林肯也难免受“第一印象”的影响。一位朋友向林肯推荐了一位非常有才华的阁员，但是林肯第一次见这被推荐者就断然拒绝了他。当朋友愤怒地责怪林肯以貌取人时，林肯说：“一个人过了40岁，就应该为自己的面孔负责。”看似林肯以貌取人，但事实上也说明了第一印象的重要性，我们是可以通过精心准备以及提高自身修养为自身形象加分的。

一个人的外貌对于他本身有很大的影响，穿着得体就会给人以良好的印象，它等于是在告诉大家：“这是一个重要的人物，聪明、成功、可靠。”大家可以尊敬、信赖他。

人是衣服马是鞍，要给人以美好的第一印象，首先要注意着装。有一次，小王在一次华东地区抽油烟机品牌展示会上结识了一位老板，该老板对小王公司的产品很感兴趣，打算约时间细谈。不巧的是，小王在去老板公司的那一天，天公不作美，大雨倾盆而降，于是小王就穿了一套便服，脚踏着雨鞋，撑起伞出门了。小王到那家公司便给前台递出了名片，要求和那位老板面谈，然而他在前台附近的待客区等了足足一个小时才听到那老板电话指示前台小姐，她说老板从办公区路过已经看到小王了，但是此时非常忙，让小王跟负责这事的手下谈。结果可想而知，那个人只是说了些场面话，这次无功而返。

小王有些懊恼，这种遭遇还是第一次。在回家的路上，他不断自我检讨着："是哪个地方不对吗？今天这次拜访客户所讲内容和平时差不多呀，怎么会是这样的情况呢？"他百思不得其解。然而，当他踏上过街天桥听到脚下喀喀响的雨鞋让他恍然大悟，立刻明白自己哪有问题了。

小王平时穿得很干净、潇洒且神采奕奕，而今天由于天气原因，一时疏忽身着便服、脚穿咯噔响的雨鞋，手里再擎着一把大伞，和卓别林别扮的小丑似的，就连走亲戚串门也会吓人一跳，更别提推销了。如此不讲究仪表无形中就是给自己打了折扣，自己给自己设置了成功的障碍。

当然，给人良好的印象不仅仅要靠外在的仪表，外面仅仅是个包装，内在的素质才是最根本的东西。一个人的"第一印象"是非常重要的，别人对你，或你对别人都是一样。在笃信"日久见真心"的同时，第一印象也会为你的人际交往大幅度提分。

第一印象很重要，第一印象很难改变，因此，我们在日常交往过程中，注重仪表风度和言谈举止，做到落落大方，言辞幽默，举止优雅，不卑不亢，利用"第一印象"营造良好的人际氛围。

第二节
如何避开身边的不良情绪

情绪是人生来俱有的。每个人都有情绪，无论情绪是好是坏，它都会传染。开心的氛围会传染，例如，某位家庭成员或同事生孩子、结婚办喜事，即使自己不是当事人，也会感觉非常的开心。而听到某位熟悉的人遭遇不幸，大家的心情则会很沉重。有个词叫“兔死狐悲”，所有人都会莫名其妙的出现这相同反应，甚至搞不清是什么原因造成。

美国夏威夷大学的心理系教授埃莱妮·哈特菲尔德及她的研究团队发现，包括喜怒哀乐在内的所有情绪，都可以在极短的时间内从一个人身上“感染”给另一个人，而当事人也许并未察觉到这种情绪的蔓延。研究发现，负面情绪比正面情绪更容易传播。美国心理学家在对5089对夫妇进行调查后发现，产后抑郁并非女性专利，男性也容易在孩子出生后患上产后抑郁症，且这一比例高达10%，仅比女性低4%。更令人担忧的是，丈夫如果患上产后抑郁症，妻子也会继续受到感染，从而减少对孩子的关爱。

情绪传染又叫情绪感染，也称群体性癔病，它指的是人与人之间情绪相互传播的方式。心理学有个名词叫做“不良情绪传染综合征”。这种情况多发生于一些常在一起生活的群体中，如学校、寺院、相对封闭或集中的工厂，以及其他公众场所。最初有一人发作，周围目睹者的精神受到感应，相继发生类似症状。由于对这类疾病的性质不了解，常在这一群体中引起广泛的紧张恐惧情绪。在相互暗示和自我暗示的影响下，短期内爆发流行。混沌学中著名的“蝴蝶效应”，一只小小的蝴蝶在巴西上空振动翅膀，它煽动起来的小小漩涡与其他气流汇合。可能在一个月后的美国得克萨斯州会引起一场风暴。人们在情绪上也有类似的“蝴蝶效应”，很容易形成一个恶性循环。

举个例子，早上起床妈妈的心情不好，于是对爸爸和孩子发脾气，而爸爸到公司又会对下属发脾气，孩子又会和同学发脾气等等。外国有一个连环画如出一辙：有个小男孩儿心情不好，在路边遇到一条小狗，狠狠踢去，吓得小狗狼狈逃窜；小狗无端受了惊吓，见到一个西装革履的老板便汪汪狂吠；心情不好的老板在公司里逮住他的女秘书大发雷霆；女秘书回家后把怨气一古脑撒给了莫名其妙的丈夫；第二天，这位身为教师的丈夫如法炮制，对自己一个不长进的学生一顿臭批；于是挨了训的学生，也就是之前所说的那个小男孩儿就怀着一种很恶劣的心情回家了，在回家的路上又碰到了那只小狗，于是他二话不说，又是一脚踹向了那只狗……

生活中类似这样的事例并不少见：一些人整天唉声叹气，感到抑郁，而导致的不良情绪使得记忆力减退，对什么都不感兴趣，对自己也没有信心，并时常出现头痛、头昏、乏力、疲劳等症状，感到难以继续工作和正常生活，并且常常因为一点小事就发脾气，弄得家人和周围的人心情非常差。心理医生称，这些人患上了“情绪感冒”。许多人遇到不如意的事情时往往一时难以控制自己的情绪，把坏情绪传播到其他人身上，从而导致不良情绪的扩散，大家都处于低气压的状态，对生活产生极大的影响。而长期处于不良的情绪，还会降低免疫力，导致患病，这就是我们经常听到的“情绪致病”。

上网、聊天、刷朋友圈，这些休闲方式现如今几乎已经成为绝大多数年轻人日常生活中的一部分。尤其是微信朋友圈的频繁使用，更是使其成为当下最火的交流工具之一。不过，朋友圈除了用来晒幸福、记录生活点滴外，不少朋友也用它偶尔发泄一下自己心中的小情绪。这种负面情绪的发泄偶尔有那么一次也就罢了，怕的就是有人经常利用朋友圈发泄不良情绪。什么和老公吵架了、孩子不听话了、婆媳关系不和睦了、领导比较难搞了……反正几乎每天在她身上都会发生不顺心的事儿。不知不觉中，自己就成为一个坏情绪的传播者，让人见了唯恐避之不及。

如果一旦传染上恶劣情绪，该怎么办呢?

第一，惹不起，但可以躲得起。一个眼神、一句话都可能会成为导火线。那么，请选择离开现场保持头脑的清醒，然后再仔细想一下，也许你就会认为真的是没有什么大不了的事情。

第二，给自己一分钟暂停时间。因为这一分钟的暂停就会使自己绷紧的神经稍稍松弛下来，可以平息一场争斗，挽回一场灾难，还可以抢救一个生命。美国第三任总统杰弗逊说过：“先数到10，然后再说话，假如怒火中烧，那就数到100。”

第三，转移注意力。发怒的时候在大脑中就会产生一个强烈的兴奋灶。你会越想越气愤，那个时候你就不如把那件事情丢开，然后读读书、看看报、唱唱歌，或者自我犒劳一番，如去饭馆美餐一顿或去逛逛商场做一些轻松的事情，这样的话你会渐渐地发现原来生活可以是这么美好。

第四，让怒气合理宣泄。强制压抑心中的怒火会伤到身体，你可以独处一室或者是跑到没有人的空旷的地方，然后再对着墙壁或对着空气，任你打，由你骂，想哭就大声哭出来，怒气和委屈就可以得到缓解。

第五，要看到光明的一面，不要只看坏的一面。对事物重新评估一下，想一想还有很多人的处境比自己更差。把自己目前处境与过去比较一下，尽量找出胜过过去的地方。

防止情绪传染是人们需要做的，最重要的就是要加强自身的品格和修养，减少他人情绪对自身的影响。也要加强自己的判断能力，即使因为一些事情心情不好，也不能将不良的情绪发泄到别人的身上。不良情绪对人们身体的伤害是非常大的，不但影响自身的健康，而且还会传染给他人。

希望大家对于情绪传染引起足够的重视，不要受到不良情绪的传染，更加不要做不良情绪的传播者。要让人间充满微笑，充满爱，这样才是最重要的。

第三节 给自已留点余地

《红楼梦》第十三回“可卿托梦”提到“月满则亏，水满则溢”，意思是月亮圆了以后就要出现亏损，水盛满了以后就要流出来。言多必失，行多必累，物极必反，事物发展到一定程度就要走向其反面，没有永恒的完美。

事物经常是复杂多变的，任何人都难预料以后会发生什么，凡事总有意外，所以，既便对于你有十足把握的事情，也不要过早地把话说满，留有余地，就是为了容纳意外。逢人且说三分话，未可全抛一片心。就像两车之间要保持一个足够安全的距离，才可以随时调整自己。清代名臣曾国藩说过一番话：“福不享尽有余德，势不使尽有余力，话不说尽有余地，事不做尽有余路，情不散尽有余韵，心不用尽有余量。”

在电视剧《心术》里记述了这样一个片段：波叔扮演的霍思邈去4s店修车，却受到了4s店员工的刁难，波叔说：“小伙子，别这样，谁都有用到别人的时候，今天我求着你，说不准哪一天就有你用到我的地方。”小伙子不以为然：“我能有什么用到你的地方！”没多久，当小伙子带着生病的家人去医院找专家时，发现医院里最权威的专家竟然就是波叔。按说大千世界，人海茫茫，两个几乎陌生的人出现交集的机会很微小，但这次真就相遇了。小伙子左右为难，让波叔作为主治医生？他心里有所忌惮。换其他的主治医生？手术的成功率可能不高。但波叔并没有在意他以前的所作所为，为小伙子的家人做了一台成功并且完美的手术，这样的举动也深深地给小伙子上了人生一课。

“满招损，谦受益”，在职场上尤其需要注意。当你不确定时，为了防备“意外”，说话就不要用“一定”、“肯定”这样的字眼，应代以“应该没问题，我全力以赴”之类的说法。遇到无法胜任的工作，就更不要说“保证完成”、“没问题”，说出难处并没有什么丢脸的，这样说事实上也无损你的诚意，反而更显出你的谨慎，别人会因此更信赖你，即便事情没做好，也不会责怪你。你表示“我尽力”了，反而显得坦坦荡荡、实实在在。某项难度较大的工作，领导将这个任务交给了小张。领导问他：“有问题吗？”小张拍着胸脯回答说：“没问题，请领导放心！”过了两天，没有任何动静。领导打听他进度如何，小张才红着脸说：“不如想象中那么简单！”虽然领导同意他继续努力，但小张当初的拍胸脯难免让人感觉不靠谱。这就是把话说得太满而给自己造成窘迫的例子。

古人说：“处世须留余地，责善切戒尽言。”当别人有求于你时，对别人的请托可以答应，但不要“保证”，应以“我尽量”“我试试看”回答。在日常生活中也应该如此，与人交往，不要口出恶言，更不要说出“势不两立”“老死不相往来”之类的话，不管谁对谁错，最好是闭口不言，以便他日需要携手合作时还有“面子”。我们永远无法预测未来的生活中我们会遭遇到什么样的困难，也无法预测谁会是帮助你解决难题的人，可能是你有过几面之缘的人，又或者是你认识，可是却并没有放在眼里的人。话不能说得太满，事不能做得太绝，自古伤人利器远远不止于刀剑，最能伤人心的往往都是不经考虑的语言。对人不要太早下评断，像“这个人完蛋了”。“这个人一辈子没出息”之类属于盖棺定论的话最好不要说，自己的人生自己把，一辈子要走的路很长，谁都不能保证将来什么样。俗话说：“三十年河东，三十年河西。”在社会发展日新月异的当今时代，人情世事变化无常，人们更是“低头不见抬头见”。

说了这么多，我们在说话时为了不把话说得太满，究竟应该注意些什么呢?

1. 不要说话太绝对

人们在心理上对于绝对的东西有一种天然的排斥感，越是绝对的东西就越容易引起他人的不悦。因此，在与人交往中，即便是绝对有把握的事，也不要把话说得过于绝对，与其以后给别人一个有可能挑刺的借口，不如把话说得委婉一点。

2. 不要轻易答应别人的请求

别人请求帮忙时，一般人都会碍于面子，随口就答应了，但答应了是不是一定能做好？最后很可能会惹得双方都不高兴。在帮别人之前，一定要弄清对方的具体要求，如果是力所能及的事，当然可以帮忙。如果自己办不到，或者可能达不到对方预想的程度，就要事先说明，“丑话在先”总比把结果变得尴尬好。

3. 说话要有根有据

凡事都有一个度，说话要有根有据，不能违背常情常理。若说话只顾夸大事实，因而违背了常理，一旦被别人抓住把柄，再想挽回就很难了。

4. 别对上级轻易立军令状

谁都想在上级面前表现自己，让领导觉得自己有能力。但在领导分派任务时，一定不能轻易拍胸脯保证说“没问题”，要慎之又慎。否则，到真正做事时又遇到了“万一”，事情做得不够完美，领导可能也没说什么，但你在领导心里的影响力就打折扣了。这样的情况多了，领导就不敢轻易让你办事了。

5. 不要轻易对同事“敞开心扉”

在公司应该以工作为重，同事之间搞好关系，对工作上的事多探讨就行，没必要无话不谈。家长里短的事跟别人毫无关系，对工作也没有帮助。假话不能说，真话不全说，说得太多，双方少了缓和的空间，没有了距离，就不会产生美。

沟通这门艺术，就像我们写字一样，要“留白”。会说话的人，任何时候都不会将话说太满，时刻留有余地，就能避免很多麻烦，这样也更沉稳大气。说出去的话覆水难收，因此要谨慎再谨慎，不要轻易断定，轻易保证。尽量把话说活，把事做实，这样才能成为一个“稳妥”的人，“靠谱”的人。俗话说“祸从口出”，这个祸往往也是因为把话说太满了，太过了。

第四节 多站在对方角度思考问题

历史叶圣陶先生在教育子女要多为他人着想时举过一个例子：

一位父亲让儿子递给他一支笔，儿子随手递过去，不想把笔头交在了父亲手里。父亲就对儿子说："递一样东西给人家，要想着人家接到手方便不方便。你把笔头递过去，人家还要把它倒来，倘若没有笔帽，还要弄人家一手墨水。刀剪一类物品更是这样，决不可以拿刀口刀尖对着人家。"

是的，在生活中，当我们面对某一问题时，如果仅仅只是从自己的利益得失出发去考虑，而置别人于不顾，往往就会失之偏颇，甚至伤害他人。凡事设身处地，换一角度为他人着想，原本疑惑不解的问题也好，都可能会变得豁然开朗而迎刃而解。为他人着想，本身就是一种修养，是一种素质，更是一种睿智的体现。一个人不要心生嫉妒，不要以小人之心度君子之腹，心善为本。

在现实生活中，每个人都在社会上扮演一种角色，人们都是从自身角度、自身利益考虑问题。这样就使人们的认识带有不同程度的片面性。

不同的环境，不同的人生观，不同的思考方式，不同的身份决定了思考角度的不同。同是一朵花摆在面前，会有“花谢花飞飞满天，红消香断有谁怜”的感怀，也会有“落红不是无情物，化作春泥更护花”的深刻。你不能苛责寄人篱下的林妹妹的伤怀，你也不能否认落红护花的事实。你能做的只有学会换位思考，去体会一朵花的丰富内涵。之后，你会发现生活是如此的丰富多彩。

著名女高音歌唱家玛·迪梅普莱有一个美丽的私人林园，每到周末总会有人到她的林园摘花、拾蘑菇，有的甚至会搭起帐篷，在草地上野营野餐，弄得林园一片狼籍。尽管管家后来在林园四周圈起了篱笆，并在木牌上面提醒“私人林园，禁止入内”，但也没有明显效果，林园依然不断遭到践踏、破坏。无奈之下，管家只得向迪梅普莱请示如何解决这个问题。

迪梅普莱便让管家做了个更大的牌子立在了路口，上面醒目地写着：“如果在林中被毒蛇咬伤，最近的医院距此15公里，驾车约半小时即可抵达。”谁知，从此再也没人敢闯入林园了。

仅仅换种说法就收到了意想不到的效果，虽然是“无中生有”，还有点“危言耸听”，但这位女歌唱家的聪明之处在于她没有像管家那样只是站在自己的角度考虑问题，而是换了个角度替那些游玩者考虑，从而增强了说服力和感染力。

在现实生活中，人们常常忽略换位思考，而总是把自己的利益放在第一位。那是因为不一样的生活环境，不一样的性格造就了不一样的思考角度。从“己所不欲，勿施于人”到“以言责人甚易，以义持己实难”；从《自由论》的“只知己而不知彼者，对己亦知甚少”到《艺术与生活》的“如果我们了解别人也像自己一样，那么对最可谴责的行为，我们也会觉得应该宽容”。这些都告诉我们，要学会换位思考。

有这样一则小故事，说的是一个人搭乘火车，上车后坐在一个靠窗的位置上，火车刚刚缓缓开动，他不小心把一双新鞋弄丢一只在车窗外。有人说你快跳下去捡鞋子，可他非但没有跳下去捡鞋子，反而把另外一只鞋子也扔了下去。人们议论纷纷都说他太笨了，而他却以一种淡然平静的口吻说：“在你们看来我或许真的很笨，但是跳下去捡鞋子有两种可能：一种是我安然无恙鞋子也捡回来了，但是我却耽误了行程；另外一种就是在我跳下去的瞬间我摔断了腿或者成为了轮下之鬼。而我把鞋子扔下去，别人捡到的就是一双鞋子。如果只捡到了一只那也只能是一只无用的鞋子。”

生活中许多事情充满了矛盾。正是因为这样人们的关系往往处于和谐与非和谐之中。为了消除人际间的不和谐因素减少彼此间的矛盾，我们就应该学会“扔鞋”，懂得换位思考。把自己的位置换到对方的角度考虑问题。

“换位思考”并不是什么深刻的东西，它在生活中随处可见，伴随在我们的左右。如果我们总是站在别人的角度思考问题，许多冲突和矛盾都可以解决。其实，换位思考并不难；可是这对于一些人来说，却不是一件容易的事情，因为换位思考需要暂时忘记自己的想法。

我们应该知道，人是有感情的社会性动物，需要别人的理解。换位思考是一种理解，也是对人生的一种领悟。只有胸怀坦荡的人，只有敞开心扉的人，才会用人性的善良、火热的爱心去理解别人的痛楚和需求。人与人之间要互相理解、信任，并且要学会换位思考，这是人与人之间交往的基础。学会换位思维，就能够帮助我们通过换立场来发现新问题，寻求新答案，克服自我中心主义或先入为主的种种偏见，打破旧的思维框架或心理定式，超越自我的态度，客观公允地审视和认识自我的实际情况以及与客体的真实关系。

换位思维可以帮助人们通过相互理解和沟通来了解他人需要。服务社会，可培养人之仁爱、平等、同情和宽容等优秀道德品质。换位思考是人与人之间的一种心理体验过程。在日常工作中，我们经常会提到“换位思考”。在日常生活中，老百姓更多的是说“将心比心”。将心比心，设身处地为他人着想，即想人所想，理解至上的一种处理人际关系的方式，是达成理解不可缺少的心理机制。众所周知的“以病人为中心，”“以消费者为中心，”以学生为中心”都是换位思维在交往中的具体体现。正如孔子所说的“己欲立而立人，己欲达而达人”；孟子在论及仁政时所说的“老吾老，以及人之老；幼吾幼，以及人之幼”都包含着以己度人、推己及人、将心比心之类的换位思维方法。它客观上要求我们将自己的内心世界，如情感体验，思维方式等与对方联系起来，站在对方的立场上体验和思考问题，从而与对方在情感上得到沟通，为增进理解奠定基础，它是一种理解。

学会换位思考就能使自己变得智慧和理智，就会减少矛盾冲动与盲动。学会换位思考就会使自己善解人意。学会换位思考就会使自己心胸宽广，就会使自己的心胸像海川一样能包容一切，而让人羡慕就像高山一样容纳风雨而被人仰止。而不懂得学会宽容就会以自我为轴心，凡事以“我”为出发点而忽略或不顾他人的感受，损害他人实则损害自我的事情。

第五节 每个人都有着不可触碰的心理禁区

一个人不管有多大能力，有多聪明，他内心都会有不可触碰的一面，都会有柔软脆弱的时候，它或是亲情，或是友情，又或者是爱情；人，无论贫富贵贱，王侯将相，凡夫俗子，一定都有能让他心里发痛，心碎的地方。每个人都有阴暗的地方，每个人也都会有死结，人总有不能碰的底线，没有原因的守护，没有理由的帮助，也有无力的哭泣。

2016年有部争议很大的电影，那就是王家卫监制、张嘉佳导演的《摆渡人》。之所以说争议很大，是因为这部电影在豆瓣创造了3.3的神奇低分，但票房却强势碾压。当票房和口碑两极分化，这其中一定是有文章的。有人说它像《东邪西毒》，有人说它是《东成西就》，还有人说它是《甲方乙方》，甚至说它是《奇异博士》！没错，在搞笑上这部电影着实不逊甲方乙方，自然也有着王家卫的东邪西毒的影子，但如果要说电影的主旨，似乎只能归为爱情。

摆渡人这个职业，听起来高尚又有格调，但其实做起来更像是一个心理医生。只是它不治疗任何疑难杂症，只拯救受伤的心——我不是他的明天，所以我只能送他到彼岸。

杨颖的这句话其实完美地概括了摆渡人做的是什么。

而之所以会有“摆渡人”这样一个职业，最根本的原因其实就是我们每个人的心里都会给某个人留下一丝柔软，又给自己树立一块任何人都不能触碰的禁区。摆渡人就是要锤炼这块柔软，打开这道禁区。

电影里杨颖的禁区，就是陈奕迅扮演的马力，这是她永远也过不了的一道坎，为了马力，她可以拼酒拼到不顾自己的性命。而和马力在一起的时候，又可以马上变成那个迷妹小女孩。这是爱情的魔力，只可惜却是痛苦的单恋。

陈奕迅知不知道杨颖的苦？他当然知道，但是他给不了。因为他有着同样的苦，那就是熊黛林。熊黛林之于陈奕迅，也是无法触碰的禁区。即便是为了她而一无所有，他还是会在雨中向最爱的人伸出那只手……

至于金城武，张榕容就是他的禁地。为了这个风一样的女子，他愿意粉身碎骨也在所不惜。甚至提到她都会心跳加速，血压飙升。而如果这个世界不接受毛毛，那我就要改变这个世界，说出这样的话谁又能知道需要拿出多大的勇气？

还有梁朝伟，他的心中只有一个执念，那就是杜鹃。他在别人面前永远玩世不恭，但在杜鹃那里却满满都是温柔。众里寻她千百度，暮然回首她在灯火阑珊处，梦里寻她千百集，猛然回头她在雪佛兰科帕奇……

电影有着深刻的主题。每个人心里都有秘密，每个人的心里都有禁区，每个人心里都有最脆弱、最柔软的时刻。女人有，男人有，婚姻有，事业也有。

有些男人很喜欢跟女人开玩笑，有时候特意要去提及她的短处，这种人让人很是厌烦。所以男人还是不能触碰女性的心理禁区。比如女人的身材，无论是少妇还是长女，她们对身材都很看重，即使是一位胖得不成体统的女人，你挖苦她的身材，无异于冒傻气。更别以为女人已经成为你的女友，你就什么都可以说了。切记不可拿一个人的身材来当话题，除非在夸。如果实在没有话说，你就是废话成篇地和女友聊天气聊韩剧，也不要说她的体重，不然，你一定会死得很难看。

学会尊重每个人，心理禁区不可触碰。

第三章　高情商营造的气场才能彰显气质

第一节
用语言塑造你的形象

清晨起床，可能对于多数人来说时间总是紧张的，然而时间再紧张，可以不叠被、不吃饭，也要抹一把脸，梳几下头，镜前端详一番，只到感觉自己的面容出门无碍观瞻了才出家门。

可是，你知道吗？我们的美不单是通过形体外貌表现出来的，你的学识、修养、性格等内在的精神因素才是美的真正源泉。所以，能展示我们形象的语言和表达方式就显得尤为重要。有人说：“语言是人的第二张脸。”礼貌的谈吐、睿智的话语给人展示的是文明优雅的形象，而轻佻的言谈留下的是粗俗不堪令人鄙视的形象。

自《中国诗词大会》后，《朗读者》又使董卿红遍整个中国。她曾对那位只读过四年书却热爱诗词的农民大叔说道：“因为那诗啊，就像那荒漠中的一点绿色，始终带给他一些希望，一些渴求，用有限的水去浇灌它，慢慢慢慢地破土，再生长，一直到今天。”仪态端庄的她，言语如琉璃般澄澈动人，暖如春风：“即便您今天答错了，那也是在我们现场最美丽的错误。”

历史上很多著名的大人物也是因为口才好而被人们传颂的，很多个成语故事记载了他们的妙语连珠和谈吐不凡。比如自荐的毛遂，出使楚国不辱使命的晏婴，舌战群儒的诸葛亮等。一个个的人物形象和他们的口才联系在一起，成为了中华民族文化的一道风景，成为我们历史的一个图腾，千百年来，被一代代人传诵和学习。

可以看出，语言也是一门高深的艺术，是表达思想感情的有效形式，语言是人的第二张脸。深邃的思想、精辟的见解、睿智的话语往往让自己充满魅力。因此，我们要用广博的知识，优雅的谈吐来作为自己的第二张脸，为自己的形象加分。

那么，如何通过语言来提升我们的形象和魅力呢？

1．谈吐文明

你在说话的时候，经常夹杂污言秽语吗？或者无意中说含着脏话的口头禅吗？粗鲁的语言并不是豪爽，这些语言都是粗俗的表现，一句粗俗的话不仅伤害了别人，也会抹杀你全部的优点。因此，在说话的过程中，我们要避免脏话粗话，多使用文明用语。在条件许可的情况下，可以引用一些真理性的语言，来显示个人的修养。

2．禁用鼻音

你在和别人交谈或者是发表意见的时候，经常用鼻音会发出“嗯”“喔”“哼”“切”之类的声音吗？这些话虽然不是粗话脏话，但也会给人一种漫不经心、不屑一顾的感觉，交谈者也许感到你的不重视而对你产生反感。

3. 谨慎使用流行语

或许是娱乐电视节目看得过多，上网时间太长的原因，越来越多的人在谈话中都夹杂了一些流行语。用“哇塞”表示惊讶，用“噢耶”表示高兴，要么就是用“偶”“东东”“潮”等词语代替固有的语言。讲这些话的人自以为跟上了时代的步伐，走进了先进者之列，而实际上要么让人觉得是在装嫩，要么让人觉得脑残，还没有摆脱幼稚的阶段。

4. 出言谨慎

君子，敏于事而讷于言，三思而后行。在换句更通俗易懂的话，就是“谨言慎行”。你所说的每句话，或深或浅，或善或恶，对于某些人来说总有些轻重不定的意义。把对方的忌讳视为语言禁区，以免触到对方的伤痛。这个世界上，每个人的人生经历和成长过程都有着和别人的不同之处，他们都有自己值得炫耀的经历和成就，自然也有着不愿让外人所知的隐私和伤痛，因此每个人都有敏感的话题和语言的“软肋”。当你在和别人进行谈话的时候，一定要注意对方的身份，尽最大限度了解他的性格和经历，掌握好谈话的分寸，以免在无意中侵入对方心灵的禁区，在伤害别人的时候也给自己带来不必要的麻烦。有句话说：“男不问薪水，女不问年龄。”，其实不该问的何止是这些话题，包括对方的工作状况、家庭纠纷、事业进展以及计划等，这些内容我们最好不要去打听，更没有必要为了满足个人的好奇心而给别人带来不快。我们应该知道，说话的时候要注意尊重对方的隐私，只有尊重对方的隐私，才能让人感觉到人格上受到了尊重。

5. 用词委婉

很多的忌讳是谈话者双方无法避免的，但是即使是在这种情况下也不要直来直往，而是要采用比较委婉的方法，尽量不要让对方显得难堪。你怎样说话，就表明了你怎样思考，进而表明你怎样行动。中国人有句俗话：“这个人刀子嘴豆腐心，是个好人。”这里的“好人”就不是真正的好人。这世界上真正罪恶滔天的人没几个。我们都是好人，好人是一个模糊的概念，是普通人的概念。人的千差万别最后表现在你的思维上，外化表现在你的语言上。一个大度谦和的人肯定在语言上表现得非常谦和，一个人玩世不恭、语言尖刻，这表明你的思维方式就是这个样子，进而表明你这个人也是尖酸刻薄的。

一个人的语言，体现出对他人的暖，他人就能感到暖，体现出对他人的寒，他人便能感到寒。语言是一门艺术，说话是一门大学问，如同一面镜子，它们照出人的心灵，映出我们的内在美。礼貌、温和、有涵养的语言让人欣赏，让人享受。所以，树立良好的形象，一定不要忘记改进语言，真正让语言成为我们的第二张脸，第二张名片。

第二节
用声音，迅速抓住对方的耳朵

随着手机的普及，在日常沟通中，电话沟通占了重要部分，没有见面前我们总是会用电话联系一番，打电话时就会不由自主地猜测（往往非常准确）——他的年龄、智力、成熟度、健康、背景、体型，情绪状态、精神面貌，甚至“听到”对方的性格，诚信度、自信度等。

事实上，当你的声音能够吸引、鼓励、激励、劝导、或者得到人们的注意和信任的时候。如果运用不得当，它可以改变你想传达的信息的原意，让人们对你真实的个性留下错误的印象，让你听起来不够职业化，犹豫不决，或者与之相反，变得苛求，咄咄逼人。

某天劳伦接到一个多年没有联系过的同学的电话，这位同学一开口就让她忍不住想要挂断，她被一股大大咧咧的腔调给震慑了，哪怕是一句问候声，都让她感觉到这位同学是在用生命吼出来：“哎呀呀！毕业后你都不和我们联系，哪里发财去了？也不带上姐们儿一起？你现在怎么样？”毕竟多年过去了，给人的感觉特别突然。

有一个村子里住着一对夫妻，妻子是村里出了名的大嗓门。每天一大早，一条街的人都能听到这个女人的尖叫声：“懒货，天天就是你起那么晚，别人早下地干活去了，你还等着我把饭端过来喂你吗？”这声音比尖锐的摩擦声还刺耳，一街道的人都会被吵醒，真不知道她的丈夫怎么过的。后来她丈夫一个月没回家，似乎出轨了。

有一个针对“最不受欢迎的声音”的调查问卷，1000名遍布各年龄层次的男女受访者被问及“哪种讨厌或烦人的声音让你觉得最不舒服”。结果，带有哀叹、抱怨和挑剔的口气的声音高居榜首，还有些声音令人难以接受，比如尖锐的声音、刺耳的磨擦声、嘟嘟囔囔的声音、娘娘腔，以及浓重的口音。由此可见，声音也是决定一个人吸引力大小的重要衡量标准。

人们可能知道，当和喜欢的人交谈时，尤其恋人间，会有瞳孔放大、小鹿乱撞的反应出现，声音会变得极为亲切。对一个人的印象，我们有五五三八七原则，即我们对一个人的印象55%来自于她的外形，7%来源于她说话的内容，还有38%来自于她说话的声音。可想而知，声音对社交中的重要性。

声音是带有感情色彩和温度的，和谐融洽的交谈，能使沟通更顺利，显示您独特的个性，那么，怎样让我们的声音更有魅力呢？

1. 讲话声音不宜过高

著名脱口秀女王奥普拉温弗瑞曾说过："女孩子的声音，音调低一点更好听。"如果一个女生把声音的调起得很高，往往会给予他人一种"她很强势"的感觉，让人很不舒服。柔声细语，被认为是更具女人味的标志。而男性声音低沉会更有吸引力，在动物世界中，低沉的音色往往意味着动物的体型更大，威胁也更大。因此，通过降低声调，雄性动物可以在竞争对手面前表现出自己的身体优势，在雌性眼里更加"迷人"。这一点在人类世界中也通用。

2. 语速快慢有致

人与人之间的交流，增强声音魅力的一个重要因素就是控制语速。语速太快，嘴里总是噼里啪啦地把一堆话倒出来，会给人一种很混乱的感觉，容易造成对方听不清楚；语速太慢，会给予别人一种吞吞吐吐的感觉，因此如果你想让别人理解你说的话，一定要优雅匀速地说出来，一般情况下，语速保持在140—200字/分钟比较合适。这是进入他人耳朵的最好速度。

3. 避免强势，多使用叠词和语气词

为什么你不喜欢有些人的说话方式？因为他们说话总是带有一种命令的语气，高高在上的感觉，霸道强势而不尊重人，似乎我们天生就欠了他们一样。男生为什么很难拒绝萌妹子的要求，

因为她们善于运用语气词和叠词，让声音透露出撒娇的味道。

4. 语气语调抑扬顿挫

语气是沟通双方态度的晴雨表，以亲切自然为佳。语调是准确传达讲话者思想感情的重要方式。抑扬顿挫、轻重缓急的声音更富有感染力。你会发现，在听朗诵诗词的时候，一些老播音艺术家朗诵的感觉就比一般人强很多，像夏青、方明朗诵的毛泽东诗词，会给人以荡气回肠的感觉，不妨拿来听听，感受一下语气语调的作用，对自己说话会有帮助。

5. 善用停顿

适当的停顿，自己可以整理一下思路，让对方也有消化的时间，还可以吸引对方的注意力，在这期间，您也可以关注对方的反应。另外停顿下来，对方才能借您停顿下来的机会向您提出问题，毕竟互动的沟通效果远胜于一个人滔滔不绝地灌输。

6. 提升声音的立体性

我们在发声的时候，发现自己的音调总是难以降下来，是因为我们对于发声有一个误解：声音全部都是由喉咙发出来的。其实不然，低沉的音调，是从胸腔发出的。学过声乐的人常讲胸腔、腹腔、脑腔共鸣，也就是这个道理，声音不仅靠嘴。我们可以通过一些口部操来优化自己的声音。口部操可以提升我们的普通话，增强我们口舌的灵活度，让我们的声音更加明亮干净，立体好听。

7. 充满热情，善用笑肌，可以让你的声音甜美富有感染力

学过声乐的人对这两句话比较熟悉，那就是“把你的笑肌抬起来”或者“你可以微笑一下吗？”这两句话足见微笑对于声音的重要性，因为微笑可以把面部肌肉抬起来，也就是“提笑肌”，它可以克服某些发音器官肌肉紧张的毛病，声音的位置也能相应提高。更重要的是，微笑着说话的样子，显得很有亲和力，让人好感度上升不少。

美国的研究者发现，控制自己说话的音调是人天生的本领，这大多取决于一个人的喉部大小。喉部大而且声裂长的人说话就低沉，这和同一个音符在大提琴和小提琴拉出的声音不同是一个道理。好的声音让人如沐清风，难听的让人忍不住塞耳朵，几十年的时光，你会发现容貌会老，性格会变，但那娓娓道来的说话模样，依旧让人感到非常的舒服。

第三节
善用肢体接触，拉近彼此的关系

人们在面对陌生的或是不太亲近的人的时候，总是不自觉地产生警惕和戒备的心理。试想你在公交车站台的一排公共坐椅上坐下来，忽然来了一个人，他一屁股贴身挨着你坐，你是什么感觉？可能会诧异、狐疑、愤怒，最终面对这位不速之客，会下意识地往一边移一移位置。为什么呢？因为每个人都会在自己的周圈设下一个势力范围，人们很形象地把这种势力范围称为“安全范围”。我们每个人都拥有一个无形的“自我保护圈”。一般情况下，人呆在自己的“安全范围”里就会觉得很安全，而且只有自己最亲近的人才可以接近。当一个陌生人处于他身体的安全范围外，他就不会产生警惕和戒备心理，而当陌生人在他的安全范围内，他便会感到不安，并试图拉开彼此之间的距离，像上面的例子一样。但当你已成功地进入了他的安全范围之内时，则往往会产生你是他的亲密者的错觉。如果一旦有人走进了他的“安全范围”，就可以证明他们是非常亲密的人。与对方身体的自然接触可以消除彼此之间的陌生感，拉近彼此之间的心理距离，甚至可以确定彼此之间一直不好意思说出来的关系。只是这个“安全范围”不太容易突破，这就是我们今天讲的借用肢体语言拉近彼此距离。

尊重别人的“安全范围”，有利于消除由于站得过近而在交谈过程中产生的不适感。人们的个人空间要视人际关系的亲疏而定。一般来讲，亲密距离：0~0.4米。这也就是我们常说的肌肤之亲的距离。这种距离适用于夫妻，家人间拥抱、抚摸或低语的情况。而个人距离接近0.4~0.9米。半米到一米，一胳膊长的距离。这种距离适用于好友、家人或熟人——希望相互结识或进一步了解对方的人可以站得更亲密一些。正常的社交距离接近0.9~1.5米。这一距离适合较正式的交谈，例如谈生意或工作中的正式交谈。

一本杂志上有一句很有趣的话：“只要男女开始勾肩搭背，他们就已经是情人！”的确，人与人之间有了直接的接触，彼此间的距离会一下子缩短许多。所以，你要是想在短时间内使得你与某个女生的关系更进一步，最简单的办法就是尽可能地拉近与对方身体的距离。比如，过马路的时候，男生很自然地抓住女生的手，而一般女生都不会挣脱，两个人的心在那一刹那间就迅速地拉近了，那么这个男生和女生会有非常大的概率成为一对恋人。

根据目前所知，人类共有457种身体接触，不过较常用又可直接观察的项目，仅限于十几种表示亲昵的社交接触。

最常见的是握手，在我们的文化中，两人初次见面最容易接受的一个热情接触动作。不管是在工作中还是在社交场合，与同性或异性见面的首次接触都是这样的。几乎在任何情况下，热情而有力的握手都表示你对见到的人持有一种热情和友好的态度。

在和他人打招呼时，以一个友好的握手开场，同时伴以甜美的微笑，问一句“您好”，介绍自己的名字，这样你就迈出了沟通的第一步。

但有些风俗认为，男士主动向刚见面的女性伸出手是不礼貌的，如果女方不愿意伸出手，也会让他们觉得很没面子，除非女士先主动伸手。由于文化和年龄的差异，一些女性会认为主动与男性握手有点“过分”。她们觉得这样做（先伸手）会使男性误会。结果双方都不愿意主动伸手。其实无论男士还是女士，谁首先伸出手都是可以的，因为在大多数情况下，不管是谁，忽略或拒绝这种友好的握手都是不礼貌的。

实际上几乎所有人都喜欢握手这种肢体接触。握手可以使人们放松，并形成平等、尊重的氛围。所以，在与自己文化背景不同的人交谈时，我们可以尝试采用温和的、不带侵略性的方式与对方接触。

同样，不管是在工作中还是在社交场合中，以热情而友好的握手结束你们的交谈也是很重要的。你要面带微笑，友好地说：“很高兴与你交谈！”或者“希望我们能再见面！”这是一种非常好的结束交谈的方式，并且能使双方都感受到交谈的乐趣。

除了握手礼之外，还有些动作也可以拉近关系。

轻拍

轻拍可能用来打招呼、贺喜或安慰，也可能用以表示爱意和友善，不过成人轻拍的部位通常限于手、臂、肩膀或背部，若是换成了头部、臀部、大腿或膝盖，那就有轻侮和色情的意味了。

挽臂

所有关系表象中挽臂最为明显。基本上挽臂共行的人之中，总有一个是控制的一方，男女挽臂而行时，是要向他人展示彼此间感情的系属。当然，两个女孩子互相挽臂逛街的情况也常见。

拥肩

半拥抱的拥肩方式，是男人并肩而行的时候最可能采用的接触动作。将一手搭在同伴肩上也是拥肩方式之一，一个男人对同伴解释或劝说某件事时最常采用的，就是这种姿势，因为借此他可以拉近彼此的距离，使自己的话有效的传达出去。

拥抱

拥抱是孩提时感受最强烈的经验，到了成人阶段，除了恋人外，这种方式只会出现在情绪高涨的时候，成人间的拥抱，不是从事性活动的姿态，便是表现分离与重逢。一对即将久别的恋人，会渴望用最激烈的表现方式来强调彼此的关系，仿佛紧紧的一抱就可取代他们因分离而失去的接触，而重聚时，另一次的紧拥，其实就等于庆祝彼此关系恢复的仪式。

由此可见，与对方的身体接触可以消除陌生人之间的防备心理，拉近彼此间的心理距离。在以后的人际交往中，我们也可以使用这种技巧来拉近同他人的距离。

第四节
读懂小动作里的含义

在日常生活的沟通和交流中，言谈举止传达着我们的思想和情绪。心理学研究告诉人们，个人的日常习惯动作和言谈举止也传达着他的性格，其中我们经常见的小习惯和小动作，都隐藏着个人心底的秘密。不要小瞧它们，也许不经意间就出卖了你的性格。

对方的一些下意识的小动作一方面可能是内心性格的写照，另一方面也可能是对方在交流中的下意识回应。

下面分享一下我们常见的一些沟通动作和表情所反应出的各种心态，让你不必开口，只要用心观察，便知晓对方大致是一个什么样的人。

1. 不时用手遮口

这些人一般比较胆小、羞怯。常说的“含羞而笑”是经常伴随着遮着嘴巴的。他们的表现多是为了掩饰一些不想让人察觉的内心世界。相反，口无遮拦的人往往更强势。美国一位心理学者评论前总统卡特在笑的时候，总是有意展露他那副排列整齐的牙齿，称为“具有强烈权势意向的证据”。但也有某些女性，在交谈听话的过程中，刻意地用手或手绢遮口，目的是要强调自己的女性美，企图让人认为她具有大家闺秀的气质，以期能引起对方的关注。

2. 咬或舔下唇

当他感到压力自四面八方袭来，却又摆脱不掉时，便会希望借着这个动作纾缓一下绷紧的神经。在整理一些毫无头绪的事情，也会舔着唇来想对策。

3. 频频吐舌

这些人多缺乏自信，常担心别人对他责备，因此显得有些神经质。无论在完成大小事情后，都希望得到别人的评价，但又不大承受得起批评，便会出现这些小动作。

4. 打手势

这类人与人谈话时常会伴有一些手部动作，如摊双手、摆双手、相互拍手、做暂停的手势等等，这些动作好像是对对方说话内容的强调。这类人做事果断、自信十足，喜欢充当领导的角色，对别人加以指点。他们比较有实力，性格大都属于外向型。但他们爱掩饰自己的真实性格，所以有时会戴着一副面具和人交流，不轻易把别人当作自己的知心朋友。

5. 轻拍别人肩膀

感到自己比别人强或占优胜，才会以轻拍别人肩膀来传递自己对别人的同情或支持。

6. 不时地拉拉耳垂

有些人在谈话时爱拉自己的耳垂，这个动作表示他不想听你一个人说个没完，想打断你的谈话自己发表意见。听话时拉拉耳垂其实是一种下意识的反抗。

7. 拍打自己的头部

有些人爱拍打自己的后脑勺，说明他们比较冷酷，不太注重感情；理性思维较强，爱利用别人，对人爱挑剔。这类人比较聪明，思想独特，做事有主见，对新事物有大胆尝试的精神。他们勇于创新，积极开拓，只是感情淡薄人缘不好。

有些人爱拍打自己的前额。这类人一般都比较朴素单纯，是心直口快的人。他们为人坦率、真诚，一般心直口快，富有同情心，愿意帮助他人，绝不会在朋友之间耍心计，有事多替朋友着想。剧情中常有，某人一拍脑门："哎呀，你看我这猪脑子，全给忘记了。"你看这人得多坦率。

8. 摆弄饰物

听话时爱玩弄小东西。这类人多为女性，一般都比较内向，不爱多说话，不轻易使感情外露。但他们感情细腻，做事认真踏实，对工作认真负责，对朋友托付的事一定尽力办好。生活中这类人比较勤快，会将自己的小环境收拾得井井有条。衣襟、手指头都是她们玩弄的对象。

9. 摊手耸肩

摊开双手，耸耸肩膀，这种动作一般是表示自己无所谓，满不在乎。习惯于这种动作的人大都为人热情，办事认真，而且诚恳，富有想象力；会创造生活，也会享受生活。他们在生活中比较随意平和，没有太大的理想，家庭和睦，生活美满就是他们最大的愿望。

10. 不断用鼻子吹气

这里的吹气不是一般的呼吸，而是出粗气。听人谈话常用鼻子吹气的人，一定是有烦心事，或遇到了什么麻烦，但有顾于面子不好向对方开口。

11. 不停的摸鼻子

这是心虚、不自信的表现，如果一个人在你面前说话时，总是摸鼻子或耳朵，那其所讲的话就会有一定的隐藏，当然也可能会有不想让你知道的事情。

12. 低头听话

总爱低头听人讲话的人，为人慎重，含蓄，也看不惯别人张扬的言行。这类人办任何事情都得事先深思熟虑，比较固执，不听人劝告。他们十分讨厌过分激烈、轻浮的事，但为人孜孜勤劳，对于交朋友也很慎重。

13. 腿脚抖动

这类人听别人说话时不管站立或座下都不停的抖脚摇腿。这种人性格最明显的表现是保守，凡事从利己出发，很少考虑别人；但他们很有思想见解，能经常提出一些意想不到的问题。有时候双腿抖动，是不耐烦和反抗的表现，或是不自在的掩饰。有时对于某些人可能是一种毛病，你不信可以留意一下办公室里，坐下就抖脚的人大有人在。

14. 边说话边摸下巴

有些深思状，与人谈话时不断抚摸下颚的人，急欲进一步了解对方的底细。通常个性谨慎，警戒心也强。

15. 边听话边咬手指或指甲

这类人性格显得心不在焉，他们做事容易紧张、缺乏安全感，疑心极重，不太相信他人，有什么心事也都会藏在心底，办事头脑简单，理性思维太差。

缺乏自信的人在别人面前不知所措时，便会咬指甲。独处时感到寂寞，也会咬指甲来消磨时间，甚至有些人会边咬指甲边沉醉于幻想之中。

16. 抚弄头发

听话时玩弄自己的头发的人，大都性格鲜明，个性突出，比较在意自己的形象，做事不爱与人商量；但另一方面，这类人一般会有洁癖，不爱结交朋友。还有些人喜欢抓头发，这样的人比较健忘、易受情绪支配，当情绪不稳定时，便不自然作出这个动作。

17. 两手腕交叉

这样的人给人以胸有成竹的感觉，不爱听取别人的意见。对事情保持着独特的看法，常给人冷漠的感觉，属于易吃亏型的人，稍微有些自我主义。

18. 将两手环抱在胸前

做事也非常谨慎，行动力强，坚持己见。

19. 用手放在大腿上

紧张时会不自觉地双手放在大腿上来回摩擦，试图平缓自己的情绪，因此这个动作也是另一个重要的线索。

不同性格的人，他们的行为模式完全是不一样的。每个人都会有些属于自己的行为模式，有的可能是养成的习惯，而有的只是在特定的情况下才会表现出来，无论是哪种，这些都可能看出你的某些内在的性格特点或心理状态。

第五节 着装整洁，能促进更加良好的沟通

有时会听到周围的女性朋友以一幅满不在乎的样子地说：“都是孩子妈了，还讲究什么，再说，里里外外，老老小小要照顾，哪有那么多时间”；她们时不时还会来一句：“老都老啦，要那么好的形象干吗。”

再是由于年纪大了，对一些事情也就自以为看淡了，无所谓了，对自己要求就下降了。这就包括了不修边幅的女士和人们常说的油腻男。仪容整洁是最基本的文明礼仪，是自爱和敬业的表现。仪容在人际交往中表现出的意义往往胜过语言，可以“透视”出一个人的修养和内在品质，甚至个人身后所代表的家庭、单位、城市等更深层的内涵。讲究仪容完美的人应做到衣冠整洁，穿着要和年龄、体形、职业、季节、场所相符合；谈吐文雅、发音标准、语言优美、彬彬有礼、尊老爱幼、不卑不亢、礼貌周到、潇洒自如。

与人沟通之前，如果能学会有效地管理自己的仪容形象，这能够为你带来不同凡响的效果。

在行销界有一位销售高手叫乔·吉拉德，他很会卖车。有一次他在家里睡觉，突然惊醒，跑到镜子前开始穿西装打领带，穿戴整齐，然后恭恭敬敬拿起电话，打给他的客户。跟客户谈完话后，放下电话解开领带，脱下西装，又钻到被窝里睡觉。他太太看了说："你疯了吗？"乔其拉德跟他太太说："客户虽然没有看到我的样子，但如果我穿得很随便，我在言谈中也会很随便，客户可以感受到。而我穿上笔挺的西装，表示内心对客户非常尊重，他一定可以在电话那头感受到我对他的恭敬心。"确实，衣着能影响一个人的心理状态。他这个习惯养成了，每当他去面对客户的时候，绝对都是恭恭敬敬，因为连客户看不到的地方，他都是一样恭敬，这叫做表里一致。

一个人对着装最基本的要求是得体、整洁、典雅。莎士比亚曾经说过："一个人的穿着打扮，就是他的教养阅历和社会地位的标志。"。一般而言，就上班着装看，有"脏、乱、破、露、透、短、紧、艳、异"九字忌讳。这九字忌讳的意思分别如下：

（1）忌脏：工作再忙，身体再累，都不能成为穿着脏衣服来办公上班的理由。

（2）忌乱：在办公时穿着的服装，需要稍微庄重一些，切忌穿得不像样子，比如裤管与袖口非要卷得高高的。

（3）忌破：职业装该洗就洗，该换就换，该淘汰就淘汰，破衣烂衫毕竟不雅，宁可不穿也不能穿破衣服。

（4）忌露：职业装在款式上要利于工作，时尚、新颖，但不能过于暴露。

（5）忌透：不能将透明的衣服罩在身体外面，穿透明装不但不雅观，也有损个人的形象。

（6）忌短：短在这里是指着装过于短小，将不应显露在外的肌体暴露了出来。一般来说，在办公时，背心、马夹、短裤和“露脐服”，都是不适宜穿着的。

（7）忌紧：主要是指在购买或缝制服装时，有意识地使之紧紧地包裹着自己的身体，使自己身体的线条过度地展示在他人的视野之中，既不雅观，又不文明。

（8）忌艳：指着装色彩过多，过于鲜艳，图案过分复杂。职业人士的着装应当体现出庄重保守的风格，而不应当打扮得花枝招展。

（9）忌怪：怪，就是指着装过分怪异奇特。就目前而论，着装怪异主要可分为三种。其一，是款式过异，如“乞丐装”就是一例。其二，是搭配过异，即不按常规进行搭配，比如把长衫穿在里面，而将短衫穿在外面。其三，是穿法过异，即不依照正常的方法穿着服饰。例如，把衬衫围在腰上，把太阳镜支在头顶。这种着装过异的做法，是切不可取的。

总之，在着装打扮方面，应做到端庄、自然、大方、简约。

所以，小地方大学问，从小处着眼可以看到一个人的心是定的，还是很杂乱、很躁动的，由这些平平常常的穿着仪容可以看到真实的一面。一些成功的企业家都有火眼金睛，一眼就能从你的外表判断出一个人做人做事的态度。有人觉得，自己有大学、硕士文凭就可以找到好工作，但假如他整天懒懒散散做人处事不好，就未必会被好工作眷顾。

第四章 高情商沟通法宝 1 善于倾听

第一节
沟通中要懂得做忠实的听众

大多数人都认为沟通就是说话，说话就是沟通，“说”成为我们很多人选择的沟通方式。人们都愿意用“说”作为唯一的沟通方式，它更快、更直接。因此在与他人沟通的过程中，每个人都喜欢讲述自己的事情，都喜欢用语言来表达自己，总是在不停的说，滔滔不绝，喜欢别人听他说话。这种只顾自己说自己的观点，或者极力地否认别人的观点，忽略了对方的感受，因而没有有效的解决问题。

仔细观察，你会发现周围高情商的人，他们都善于倾听。如果他们要说话，首先能够专注地等别人把话说完，边听边想，然后再站在对方的角度来说。所以他们的话才更容易受到大家的欢迎，他们才显得情商高。

其实，沟通本来是一个双向过程，学会听别人讲话，和自己讲话一样重要。听和说，缺一不可。从某种意义上讲，说是以听为基础的，一定要先注意听清楚、弄明白对方要表达的意思，然后再说出你要表达的意思或者意见。一位美国女作家曾说过，沟通的最高境界就是静静地聆听。子期倾听伯牙之高山流水，于是有了知音；三毛与荷西的深情，是六年时间里不断拂面而来的表白。《史记》中言："言能听，道乃进。"人们被倾听的需要远远大于倾听别人的需要。如果你成为别人的忠实听众，对方一定会觉得自己受到了重视，从而对你产生好感，愿意同你交往。因此，想要掌握高情商沟通技巧，那首先就要在与人交流沟通的过程中，学会"聆听"的智慧。

"听"是信息的来源。学会聆听，我们能够对朋友，对人性多一分理解，多一分关怀；学会聆听，我们能对事情、对道理多一分体会，多一分判断。聆听，也是理解外部环境的好办法。

人类的行为、情感往往是奇妙的，复杂的，语言和声音是无法完全表达的。这时，用心去聆听，收获一定不小。

聆听之于沟通关系，就象磁石的吸引力一样，可以让彼此的交谈畅通无阻。

好的销售从来不是一个健谈者，恰恰相反，做销售，你首先要会当一个听众。如果一个销售在跟客户沟通的过程中，谈话时间超过了40%，那他就是说得太多了。

在销售过程中，好的销售往往想方设法让客户多说，把自己转化为一名听众，让客户觉得是自己在选择，按自己的意志在购买，这样的方法才是高明的销售方法。强迫销售和自夸的话只会使客户感到不愉快。必须有认真听取对方意见的态度，不要中途打断对方的讲话而自己抢着发言。必要时可以巧妙地附和对方的讲话，有时为了让对方顺利讲下去，也可以提出适当的问题。

上个月张经理接待了一位江苏镇江的客户。见面后，张经理就带客户看了一下生产车间，然后去办公室喝茶。张经理也不急着催这位客户下单，就问这位客户的发家史，目前在镇江的状况等问题，很快他就开始侃侃而谈，整个气氛很愉快。差不多要到中午的时候，张经理的公司老总回来了，两个人一见面，客户就说让经理做份报价单，客户直接确定数量，当场刷卡付款了。

这就好比我们去医院看医生，医生必须倾听我们到底哪里不舒服，都有什么状况，才能给我们对症下药，这样才能药到病除。如果医生不好好听我们说话，很可能就不知道我们到底是什么病，这样就会耽误治疗。

因此，在与客户沟通的过程中，一定要避免与客户争论，很多时候我们逞一时痛快争赢了客户，却失去了生意。学会当一名听众，在倾听的过程中，要分清主次，着重把握对方语言中的问题点、兴奋点、情绪性字眼，这样才能更好地了解对方的所思所想，达到高效沟通的目的。

那么，如何做一个忠实听众呢?

1. 愿意听，露出很希望听别人讲话的神情。

2. 耐心听，尽管你所听到的可能是茶余饭后的奇闻轶事。

3. 注意避免坐立不安，怀疑挑剔，不屑一顾。

4. 切莫打岔。打岔是最没礼貌的。

5. 聆听并不是禁止表达自己的意见，而是应在恰当的时候配合对方的说话速度和情绪，用诚恳的语调，交换观点，诚心地沟通。

会聆听，就是要有一颗真诚的心，尊重他人的意见和看法。会聆听，就是会用他人的眼光审视自己，以此完善我们的人格。子曰："三人行，必有我师焉。择其善者而从之，其不善者而改之。"聆听是完善自我的途径。会聆听，有时候也是一种积累，听别人谈成功，说失败，那就是在为自己将来储蓄经验财富。会聆听，也就学会了一种聪明的生活态度。大自然赋予我们两只耳朵，却只给我们一张嘴，就是在暗示我们说出听到的一半。倘若我们每个都能做到少说多听，这世界也许就会减少许多张狂和纷争！

第二节
倾听不等于“傻听”，关键处给予反馈

认真倾听并不是坐那只听不说话，倾听是一个需要积极参与的过程。为了充分理解交流的意义，不能被动地去接受，需要你给对方提一些问题并给予反馈，充当交流过程中的主动参与者。

所谓反馈，就是信息接收者向信息发出者作出回应的行为。你在听别人讲话，你就是信息接收者、倾听者。有效的反馈是完成倾听过程的必备环节。你借助微笑、点头、提问、发表意见等反馈行为，可以让对方知道自己对其所述信息是否理解，对话题是否感兴趣，是否有深入交流的意愿等。适当的反馈，一方面可以帮助自己检查倾听的效果和对信息的理解情况，一方面可以帮助对方澄清思路，使交流更顺畅。

你对他人所说的话进行解述和澄清，无非是希望能理解他的意思，然后说出自己的想法进行反馈。你通过观察别人的肢体语言和说话的语气，会发现有些反应和他们内心的真实想法是相背离的。通过观察你会得出初步的判断。为了检验自己的感知，将你看到的和听到的向对方作反馈：“我想了解你的感受，你是这样想的吗？”“听你说完，我想知道这件事是否是这样的（你的描述）。”这些反馈可以用来证实你的直觉是否准确。反馈也能帮助对方了解其谈话的效果和影响。这是更正错误和消除误解的一个机会。对于他们来说，也是从你那里获得新的、有价值的观点的一个机会。

有效的反馈必须以全面准确地理解对方的信息为前提，所以倾听时应注意两点：一是不要试图猜测对方后面要说什么；二是在对方把话说完之前，不要急于表达自己的意见和态度。如果对方还没有表达完全部意思，那么，诸如“我知道了”“我明白了”“我清楚了”之类的表示就显得很不友好，好像是在说：“行了，别再啰唆了！”如果因为对方说话不利索就直接替对方说完后半段，也可能会引起对方的不满和回击：“我想说的不是这个！”如果对方正要表达关键信息却被打断了，他可能会大声抗议：“你知道什么？！”因此，在倾听他人说话时一定要耐心平和，应答委婉。如果经常随意打断对方说话，会给人留下个性激进、没有礼貌、难以沟通的不良印象，从而影响人际关系和工作效率。

总得来说，反馈要注意以下几点：

1. 反馈要适时

要做到抓准时机有效反馈。例如开会时领导讲完话或讲到高潮处报以掌声，就是抓住了反馈时机。倾听过程中需给对方以反馈表示自己一直在倾听，鼓励对方继续讲下去；表示理解和接受对方的说法；不能肯定对方讲话的真实意思，需对方确认；想从对方那里获得更多正确信息；遇到新思想、新概念，希望对方进一步说明；需要对方提供更多的事实和意见；对对方的观点感到迷惑，甚至不同意对方的观点，等等。

2. 反馈要适度

反馈适度是指反馈的频率和内容都恰到好处，既不显得过冷，也不显得过热。反馈过冷一般表现为没有回应或者回应方式单调，这会让对方感到失望甚至泄气。例如，当对方热情洋溢地讲述自己的某个经历时，如果只用“嗯，很好”这样简单空洞的话语回应，就显得非常沉闷和消极。而最让对方心寒的是怠慢式反馈，即对他人的倾诉表现出傲慢、不予理睬或急于摆脱的态度，比如面无表情、沉默、看表、收拾东西、接电话、打哈欠等，这些表现都会让人失去继续沟通的兴趣和勇气。

反馈过热是指对他人的话题高度关注，回应时显得过于积极，甚至表现得非常情绪化，比如面部表情和身体动作夸张，流露出强烈的喜怒哀乐等情绪，大声地发出赞叹、惊奇、怀疑等声音。这些强烈的反应似乎能显得自己很投入、很热情，但有时会让对方感到不安，所以应尽量避免。

3. 保持中立态度

倾听时保持中立态度很重要，一则不至于因自己的情感好恶和价值倾向而影响对方，二则可以使对方在没有压力的情况下畅所欲言，从而保证交流顺畅。否则，对方可能会顾及倾听者的倾向性，只表达倾听者乐于听到的信息，那就有可能掩盖了对方的真实想法，沟通效果也就大打折扣。而对于某些“奇谈怪论”，不必急于提出质疑和批评，因为有些“奇谈怪论”有可能帮助倾听者打破旧思维，产生新思路，所以应给予尊重和包容。

4．避免评判式和诊断式反馈

评判式反馈是指对听到的信息进行负面判断和评价，包括看似轻描淡写的贬义评判，比如：“你太多愁善感了”“老板这是小题大做”等等；也包括直来直去、语气激烈的批评，比如：“你胡说八道”“你怎么什么事都做不好”等等。评判式反馈常常是在并未真正全面了解情况时就给别人下结论、贴标签，表现为武断和轻率。这种反馈方式容易伤害对方的感情，不仅会破坏沟通氛围，还会破坏双方的关系。

诊断式反馈是指对他人说话的深层原因和动机进行自以为是的猜测，然后以肯定的语气表达出来，就好像医生给病人下诊断书。比如：“你这么说太以自我为中心，太自私自利了！如果大家都像你，还怎么做好工作？”诊断式反馈常常是因为先入之见而倾向于把对方的需要和动机往坏处想，所“诊断”出来的结果就是把对方描绘成一个能力或品行有问题的人。这样的“诊断”显然有失客观，会激怒对方，让人无法接受。

5. 注意客观理性

出现意见分歧时，应耐心地听对方把话说完，待弄清对方的意思后再采取客观、理性的反馈方式，最大限度地避免产生不良情绪。具体可采取以下步骤：第一步，赞同对方话语中的合理内容；第二步，请对方就自己感到迷惑的部分作出解释；第三步，平和礼貌地提出自己的看法，并请对方谈谈他的看法。

6. 避免以攻为守式和质问式反馈

以攻为守式反馈往往出现在听到反对或批评意见的时候，出于自我防御心理，不是去思考对方的反对或批评是否有道理，而是攻击对方的缺点和错误，以掩饰和淡化自身的问题。比如："你从来都看不到我一直在努力工作，对我的一点小错误总是揪住不放。你不记得上次丢失重要文件的事了？"这种反馈方式带有嘲讽意味，具有攻击性，声音高亢刺耳，并伴有焦虑和紧张的身体语言，诸如面部扭曲或面红耳赤，紧张不安的手势等。如此情绪化的反馈不仅解决不了问题，还有可能将对方最初的善意转变成敌意。

质问式反馈则是将对方可能存在的问题或疏漏穷追不舍，并以一种质疑、诘难的口气提问。比如："你认为贯彻那项制度真的有用吗？"质问式反馈所流露出的怀疑和否定，会让对方觉得这是在找茬，是在发泄不满，因此很可能使接下来的交流变成"口水战"，真正要讨论的核心问题反倒被抛到一边。

7. 避免好为人师的指教式反馈

指教式反馈是指出于善良的目的，在对方并不需要且自己尚未了解全貌的情况下，提出解决问题的意见和建议。一般来说，提出意见和建议有两个前提，一是全面了解情况，这时提出的意见和建议才会客观公正；二是对方需要，这时提出的意见和建议才有价值。如果实在觉得有必要给对方提点建议，而对方并没有寻求帮助的意思，可先以轻松友好的语气征询对方，比如："如何解决这类问题，你需要听听建议吗？"待对方表示同意时再提建议也不迟。

一旦你理解了谈话的意思就要给出及时、诚实和带有鼓励性质的反馈，而不是随声附和，甚至应付了事，这样，你的沟通效果就会大大改善。

第三节
听见、听清、听懂、会听

人们一直有个误区，认为只要耳朵能听得见，就自然而然地具备聆听技能，其实不然，听得见与听得懂完全是两回事。每个人的表达方式和沟通内容，受其文化背景、知识结构、能力、经验等因素影响，尤其当沟通的对象来自不同文化背景，采用的语言又不是母语时，更容易出现误解。所以，只有清楚地掌握对方的真实意图，方能采取有效的和积极的反应，否则将不可避免地出现错误。

在与人交谈和沟通的过程中，有的人确实能够做到老老实实听别人的谈话，但过后再问他对方究竟讲了些什么，却又说不清楚，也就是我们常说的“不走心”。这样的人只能说是在听别人的声音而不是讲话，不是有效倾听。类似于学生上课，课在上，人在坐，耳在听，但没听进去。

在我们的正规教育中（除了一些与传播相关的专业），几乎没有一门课是教学生们如何更有效地与他人沟通，更不用说教授如何聆听。根据著名管理学者LymanSteil的研究，在人们所使用的听、说、读、写这些沟通技能里，使用最频繁的是“听”，然而接受训练最少的也是“听”。虽然此类研究是在别国进行，不能完全以此推断中国的状况，但可见聆听重要而没被重视是一个较为普遍的现象。

有效倾听首先应该是用心听，不仅要听，还要听得清，传递来的声音信息不能丢。听清了还不行，必须听得懂，要理解对方说话的意思。如果对方在一旁大谈特谈自己的发家史，而你却心不在焉，一边听一边在想着其他的事，那么就没有达到倾听的目的和效果。这样的听就算不上是倾听。

富有魅力的人大多是善于倾听他人言谈的人。真正善听人言者比善言者更能感动对方，更能唤起对方的亲近感。

美国教育家戴尔·卡耐基在《人际关系》一书中，叙述了一个他亲身体验的小故事。一次，卡耐基同一位名人在晚餐会上交谈。席间，卡耐基自始至终只是充当了一个听名人讲话的角色。事后，名人却向晚餐会的主持者赞扬说“卡耐基是一个非常善于交谈的人”。得知此事后，卡耐基不禁大吃一惊说：“我只是很认真地听他讲话而已。”

平日常听到有人抱怨：“为什么表达自己是那样的难。我总是那么笨嘴笨舌的，不善言谈，所以无法很好地与别人相处，人际关系也就总处理不好。”

其实，不善言谈的人，亦是不善倾听他人言谈的人。因为他在交往中过于在意自己的行为，总是不断地惦念着：一定不能让对方笑话自己，要把话说得漂亮些，否则就得不到对方的认同。另一方面，他又为自己的说话达不到那种理想程度而感到十分苦闷。这样，当然也就不会聚精会神地倾听对方的说话了，免不了忽视对方，很难真正在听别人讲话，而只是随便地点头附和，心不在焉地听听而已，有时甚至不等对方把一段话说完就迫不及待地自己说了起来。这是一种只要求对方听自己说话的单方面的交谈方式。

郑小姐在某保险公司从事外勤工作已有20年了，是个经验非常丰富的行家。就算是在公司众多外勤人员中，她的成绩也一直是出类拔萃的。她在劝客户上保险时不采用劝说的方法，这正是与其他外勤人员的不同之处。后者通常的做法是在客户面前摆上好几本小册子，然后向他们说明到期时间和应收金额，并口若悬河地以一种非常熟练的语调反复地讲述客户在投保后，将能得到多大的好处。

而郑小姐却与此相反，这样的话一句也不说。她总是从对方感兴趣的话题说起，稍许谈谈自己在这方面的无知和失败的体会。甚至会劝说对投保一事素存戒心的对方一起谈论对方感兴趣的话题，这样客户便在无意中跟着她谈了起来。之后她总是听着，并为对方的讲述而感到钦佩和惊叹。对方却不知不觉地倾吐了内心的烦恼，谈了自己对将来的理想和希望。方小姐依然还是专心地听着。直到最后，自己才主动地说出投保的想法：“这么说，还需要适当地投保啊！”

郑小姐是一个善听人言的高手。不过，在此可以断言的是：

她并不是因为生意上的缘故而装出一副倾听对方言谈的样子的。与此相反，郑小姐在这段时间里甚至忘记了工作，诚心诚意地极其认真地听对方讲话。也正因为如此，对方才会对她敞开心扉，吐露真情。即使在旁人看来，他们之间的对话像是单方面的，但实际上，这二人进行着心灵上的交流和沟通。

要做一个善听人言者，这比任何一个雄辩者都要更吸引人，同时也是搞好人际关系的最有效的手段。那么，怎样做到有效倾听呢?

1. 多用语气词反馈

倾听时要精神集中，神情专注。为表示自己注意倾听，要多与对方交流目光，别人讲话时要适时点头，并发出“是”“对”“哦”等应答。但不要轻易打断别人的谈话，也不要随便插话，若非插话不可，要先向对方表示抱歉，并征得对方同意，如“对不起，我可以提个问题吗？”或“请允许我打断一下。”

2. 不随意妄下论断

交谈中要尊重对方的观点，即使你不同意别人的看法，也不要轻易打断别人的谈话。如确有必要，需等人家讲完后再阐明自己的观点。特别是对方还没有充分地把自己的意思表达清楚的时候，不要轻易表态，乱下断语，也不要挑剔批评。否则会让人感到你有一种优越感，影响交谈的进行。

3. 控制住最微小的情绪

交谈中要注意控制自己的情绪。有时会因为对方过长的发言或自己不感兴趣的话题而感到厌烦，这时要学会控制自己的情绪，不要使之表露出来，要耐心听他把话讲完，这是对讲话人的尊重。特别是对方有意见的时候，要耐心倾听，给对方提供宣泄自己不满的机会。

聆听和任何一种技能一样，都需要不断练习，并在日常生活和工作中不断运用，才能提高这一技能。坚持练习，不用怀疑，优秀的聆听技能是个人竞争力不可或缺的组成部分。

第四节
解析被忽视的口头禅

心理学专家伍迪·哈里森表示："口头禅是一个人在谈话的过程中，无意识流露出来的话语，反映了一个人的心理状态和性格特点。从口头禅里，可以大致读懂一个人的内心世界。"

口头禅是在人们长期生活过程中慢慢形成的。相信每个人都会有自己独到的口头禅，也许是无意间说出的，但已经成为了一种难改的习惯。每个人的口头禅都有自己的特点，即便是同样的口头禅，由不同的人嘴里说出来就会产生不同的语气和发音效果。

口头禅看似十分常见，很少会有人注意，只是偶尔开玩笑拿出来说"×××的口头禅是×××"。其实从他们的口头禅就能反映出他这个人的性格，也能暗示出他当时说话的心理。舌尖上的中国，口头上的性格。口头禅和性格息息相关，一个人说出什么样这口头禅就能判断出他是一个什么样的人，那么怎么从口头禅看一个人的性格呢？

一位知名人类行为学家曾说："人类有两种表情，一种是脸上所呈现的表情，另一种是说话时传达给对方的信息。”可见，人们说话中出现率和重复率较高的口头禅，它具有某种心理投射功能，在一定程度上揭示了说话者的内心世界。

“无所谓，随便”

心理学研究表明，50%的人对“无所谓”这个口头禅非常的讨厌，现实生活中，常有人把“无所谓，随便”挂在嘴边。这一类人，他们在生活中的束缚比较多，长期压抑，而放弃了属于自己的选择权利。他们内心还有一点自卑。这种词汇是一种典型的自我防卫的表现，既不会得罪别人，又不想表达自己内心的想法。把选择权交给其他人，把自己隐藏起来。

“没关系，没事”

把这些当做口头禅的人，他们内心是缺乏安全感的，同时心理防御也比较重，心灵的窗户不愿意为别人敞开，让别人很难靠近她。

“一定，绝对”

这类词汇也比较多，比如应该、必须、必定会、一定要，把这些肯定性的词语当做口头禅的人，自信心很强或者可以说是自恋，但有些人会过于自负。他们做事情显得很理智，为人冷静，自认为能够将对方说服，令对方相信。另外他们的性格通常比较随便，责任心不是很高。另一方面，“应该”说得过多时，反表现出其有“动摇”的心理，长期担任领导职务的人，易有此类口头语。

“或许是吧、可能是吧、大概是吧”

习惯用这类模棱两可口头禅的人，自我防卫能力甚强，不会将内心的想法完全暴露出来；他们工作和人事关系都不错，处事待人方面很冷静。另外，这类口头禅含有以退为进的含义，有左右逢源的作用。

“老实说、的确、说真的、不骗你”

习惯用这类口头禅的人，在交谈的过程中会刻意地表明自己的诚实可信，他们的心里往往存在忧虑，总是担心对方会误解自己的意思，因此性格有些急躁，内心经常有不平衡。他会十分在意别人对自己所陈述事件的评价，所以一再用这些词汇强调事情的真实性。他们希望自己得到更多的认可，得到其他人的信赖。

“对不对，是不是”

把这些等疑问词当做口头禅的人，大多内心缺乏安全感，害怕失去，因此会用反问的语气引起对方的注意。他们的控制欲也很强，内心也比较自卑，希望得到他人的认可。

“无聊，没意思”

喜欢用这类消极词语作为口头禅的人，比较消极，如果一个人，长时间用消极的词汇作为口头禅就会影响他的性格，久而久之成为消极的人。

“但是、不过”

习惯用这类具有转折意味口头禅的人，习惯为自己的想法辩解，“但是”是为保护自己而使用的，为进一步表达自己的意思留下了足够的空间。心理学家表示，运用这样的口头禅，显得温和、自然、委婉，没有断然的意味，不至令人有冷淡感。

“听说、据说、听人讲”

此人所以用此类口头语，是给自己留有余地的心理形成的。这种人的见识虽广，决断力却不够。很多处事圆滑的人，易用此类语。在办事过程中，他们会为自己时刻准备着台阶，有时也会被很矛盾的心理困扰。

“我晕”

习惯用这类台词的人，任何时候，只要事情不是预计和想象的那样，都会“晕”。其实问题一般没那么严重，但总是习惯于在潜意识里夸大成像，并在表露口头禅的夸张情绪中反映出来。他们活泼坦诚，容易意气用事。一句“我晕”，将所有的人和事一视同仁，等量齐观。所以，他善于从广度上发现问题，但不擅长从深度上思考问题。

“啊、呀、这个、那个、嗯”

习惯这类词汇的人经常是因为掌握的词汇少，或是思维慢，在说话时利用作为间歇的方法而形成的口头语的习惯。因此，这种口头语的人，反应是较迟钝或是比较有城府的。某些领导讲话时也爱用这种口头语，他们怕说错话，需有间歇来思考。

“凭什么呀”

他们觉得事情不该是这样的，但却发生了。或出于心理失衡，或基于愤世嫉俗，总之，就是看不惯那些与意愿相悖的事，并以重复出现的这句口头禅来鸣不平。他们正直，却有几分神经质，对公平和特权十分敏感，具有典型的“愤青”情结。事事看不惯，不光自己活得累，别人看着也觉得累。他要管理的不是不公现象，而是自己的不公心态。

以上是常见的口头禅，当然还有许多，比如“好呀好呀”，这类人性格爽朗，但缺乏主见。再如“先听我说”，这种人就显得自信心很足，控制欲很强，又比较急躁。

口头语出现的频率比较高的人，大多做事不干练，意志力不坚强。哈佛大学教授丹尼尔·格尔表示：“口头禅是反应一个人性格的重要印记，如果想要从口头语言上更多的观察对手，从而更轻易地驾驭自己的对手，就需要自己花费心思，仔细揣摩对方的言语所透露的意思，而口头禅就是一个人在无意识间透露出的无法掩盖的信息。”

第五节
听出弦外之音

中国人的表达方式，有一个最大的特点，就是极少会直截了当地说出他的目的。他提出的方式会更加委婉，含蓄，这就是我们作为礼仪之邦的最大特点。可这种表达方式也存在一些问题，如果你一时不能领悟他更深层次的意思，不仅不能进行有效的沟通，还会造成误会。这就要求我们听一个人说话，不仅要听字面的意思，还要听他话语之外的弦外之音。

弦外之音，言外之意，就是“话里暗含着的没有直接说出的意思”，也就是人们俗说的“话里有话”，聆听他人的弦外之音是口语交际的一个重点，也是我们在日常生活领域和在特定场合下经常用到的一种说话方式，更是衡量一个人在说话时的应变能力、个人的修养（或涵养）以及人格魅力。“弦外之音”已经频繁地出现日常生活的各种场合。

人们借“话外音”进行幽默调侃、讽刺发泄、批评鼓励、摸底打探……而作为日常生活的一部分，弦外之音其实是一门沟通智慧，这样说话，既不会伤人，也不会害己，但却难倒了很多直性子的朋友。

无论是生活还是工作中，很多人都会向你说一些言不由衷的应酬话，而你对对方的语言描述的真实意思，你是不是都领会到了呢？以实际生活来看，几乎很少人能够准确、完整的领会到对方的意思。人们说客套话的时候，有时是为了讨好你，有时是为了敷衍你，有时也为了他自己的某种目的。如果轻信了对方的话，事情可能会变得非常麻烦。比如有人说你很有艺术天分，但背后的意思可能是说你缺乏商业头脑。说你是部门的老员工，你的功劳众人皆知，言外之意可能是说你这把年纪了，就不要与新来的年轻人争功了。说你与众不同，弦外之音可能是说你太个性了等等。

还有很多情况下，对方是言不由衷的。比如教室里老师在给小同学讲难题，他们似乎很茫然，到下课时，老师问他们听明白没有，虽然有部分还没听明白，他们仍然说“明白了”“懂了”“你讲的真好”之类的话。比如朋友病了，你监督他吃药，他并不喜欢吃那些又苦又涩的中药，但是为了应付你，他干脆告诉你“我已经吃了”。人们希望尽快结束讨论时，会暂时先说“明白了”“是那样的”之类的话。对方的有些话，我们纵然是在认真倾听，有时候也难免只是听进了表面之意，而忽略了其“弦外之音”。

所有的语言语义都要放到特定的情境和特定的人、特定的对象里面，才会具有更加确切和真实的意义。这是语言表达和语言接受方都必须要理解和准确运用的语言规律。比如，很多人遇到一些不是很熟的朋友会说，“改天一块吃个饭吧。”这个语言描述，在很多不是很熟的情况下，几乎等同于下次有机会再见。如果有人产生误会说，“哎，不是说要改天一块吃饭吗，怎么一年了都还没有动静？”这就是没有准确理解对方语言的真实含义。

会听人说话的高手厉害的地方在于，他能捕捉到表面事实之下，那个潜藏着的但又无时不刻都在发挥作用的东西。就像两个人说话，他们说的是什么，其实并不重要，重要的是每一句话背后，隐藏的那个含义。当你能够听懂别人的话外含义，就抓住了与人对话的诀窍，也就抓住了破解沟通困境的方法。那么我们怎么做，才能从倾听中了解到对方的话是真是假？

1. 注意一些字眼。人在说言不由衷的话时，他们通常会用这些字眼，诸如“坦白说”“说真的”“老实说”，这其实表明对方并没有像自己声称的那么坦白、那么真诚和老实。比如“老实说，这样已经是最便宜了。”言外之意是，“这并不是最好的价钱，即便如此，你可能也会接受。”

类似的字眼，还有“难道我会骗你吗？”“毫无疑问地”“我是真的……”“只不过”“只需要”“对吧”等。爱说这些字眼的人说话时，其实是下意识地用它们带出真实的内容的，但这样做往往让原本真实的话语听起来不真实了。如果有这些口头禅，还是改过来的好。

2. 当对方谈话的语气或动作突然改变时，你要留意是否有话外之意。

平常说话速度正常的人，如若突然加快语速，或者遇到说话结巴等问题，你就要留意他的话。

对方说话时如若像是逃避眼神接触，下意识地掩嘴或遮住脸上其他部分，不断变换姿势、敲手指等等，你就要琢磨他说的话了。

职场常用的“弦外之音”“言外之意”

1. 这段时间都在忙些啥呢？你以为领导在关心你？想太多了，他是叫你调整状态，提高工作效率，不要把情绪带到工作中，影响部门绩效。

2. 见客户的时候夸你？领导带你出去见客户，并在客户面前夸奖你，是提醒你晚上饭局上要有好的表现，不然以后就没你戏份了。

3. 明天领导要下来视察。领导突然说上面的老板要下来检查工作。你知道这时候领导的意思吗？他是叫你今晚就算加班加点都要把可能会出现的问题搞定，不然出了纰漏肯定唯你是问！

4. 小伙子很有潜力呀。这其实是在说你现在还很菜，领导只是不想打击你的自信心。

5. 领导真正夸你很优秀的时候你一个人优秀还不够，“先富带动后富”听过吗？公司要的是团队的合作进步，并不只是你一个人的出众哦。

类似这样的话还有很多，其实这些暗语都是职场的一种美化语言的技巧，让大家都比较容易接受，大家要多注意领导说话的语气还有其性格特点，这样你就会更好理解领导的意思了。对于弦外之音，职场新人一味抱怨自己听不出领导话语的潜台词是不行的，如果想要尽快破解这些弦外之音，悟出言外之意，就必须以更加积极的态度融入公司的文化氛围中，多与上司、同事交流沟通，尝试换位思考，体会对方的心态和苦衷，这样才能使自己快速进入角色，在工作和人际交往中变得游刃有余。

如果你能够在倾听他人说话的时候，做到边听边观察，并及时听出他的弦外之音，巧妙地回应，那么你就已经接近沟通高手的级别了。

第五章　高情商沟通法宝 2 懂得幽默

第一节
幽默是化解僵局的一剂良药

幽默是人与人之间友好相处的桥梁和纽带。学会幽默，善用幽默，才能拥有豁达的人生。

在工作中，如果别人不小心给你难堪，不要计较，更不要破坏工作的心情，不妨适当的用幽默的话语调节一下，既能化解彼此的尴尬，又可以不破坏工作的热情。没有幽默就会让我们本来丰富多彩的生活变得枯燥无味。生活中人们离不开幽默，以幽默诙谐的姿态面对生活和人生对于现今的人们来说，是极为重要的，更是不可或缺的。

有一次，戴尔将军到某地视察，在与当地的士兵共进晚宴的时候，有一位心情非常激动的年轻士兵站起身来向戴尔将军敬酒，一不小心，竟然把酒洒在了坐着的戴尔将军头上，面对这样突如其来的一幕，众人皆惊，这位年轻的士兵自觉难逃此祸。但是戴尔将军并没有大发雷霆，而是站起身来，拍着这位年轻士兵的肩膀说："小伙子，你不会是想用这种办法来治疗我的秃顶吧。"酒桌上的人哄堂大笑，紧张的气氛立即烟消云散。戴尔将军不仅用幽默的语言为他人带去了快乐，而且也展现了自己较高的素养和平易近人的性情。

遇到突发的尴尬场面，如果处理得不够完美或不够巧妙，会使当事人很没面子。但是如果能适当地用幽默的语言自嘲一下，必定能迅速转移他人的关注焦点，从而轻松地摆脱尴尬。

有一次，董卿去兴化主持节目，刚好遇上下雨天。她左手拿着雨伞，右手拿着话筒，满面春风，神采奕奕地信步向台前走来，边走边说：“兴化的父老乡亲们，你们好！”结果一不小心脚下一滑，语音和屁股几乎同时落地，全场的观众都被这突如其来的情形吓了一跳，现场立刻呈现出一股非常尴尬的气氛。

当董卿被现场工作人员扶起来后，大家都在全神贯注地看着她。只见她调整好情绪，抬起头，如花的笑容立即绽放开来。接着董卿平静地说：“这是我从事主持生涯15年来遇到的最恶劣的天气，我把跟头跌在了兴化，这一跤让我这辈子永远记住了兴化。”

现场观众都被她幽默的自我调侃逗笑了，台下顿时响起了一阵阵热烈的掌声。

幽默经常与尴尬相伴而生，幽默是为了化解尴尬，真正的高情商，就是不让人感到尴尬。董卿巧妙地用幽默自嘲来化解当时的尴尬。

幽默的魅力就在于：话不需直说，但却让人通过曲折含蓄的表达方式心领神会。

黄渤上《鲁豫有约》接受采访，被问：“你现在可以啊，很火啊，是吧？”明眼人都明白，这是一个看似简单却必须小心回答的问题。若答是，会显得黄渤太自以为是。若答不是，又难免让人觉得虚伪做作。所有人都在为黄渤捏一把冷汗，可是他却泰然自若地答道：“那肯定啊！你想都坐在这儿跟鲁豫聊天了，还能不火吗？”

培根说：“善谈者必善幽默。”黄渤就是这样一个能够在各种场合侃侃而谈，幽默风趣，随机应变的人。即使面对一场来者不善的较量，他也能以退为进，化于无形。既正面回答了问题，表现了足够的尊重，又不动声色地称赞了别人，尽显真实与诚恳。

高情商的幽默，才受人喜欢和尊重。真正幽默的人，是把舒服给了别人。一个人的幽默感，不是装出来的，也不是靠讲笑、毒舌得来的。而是用风趣幽默化解尴尬，展示在他人面前的是一种优雅的风度，一种健康的心态，一种文化的内涵，一种人生的积淀，还有一种思想的睿智。适当合宜的幽默，既化解了尴尬，又不失风度。

幽默的人能将生活的小郁闷和人生的大坎坷都拿来调侃一番，无论顺境逆境都能在其中发现生活的小情趣。

幽默能轻松地化解尴尬，能巧妙地避开陷阱，也能不露痕迹地夸赞别人，更能对恶意的攻击进行有力的回击。

幽默是一种修养，不计较，却又不讨好。对辛酸，用幽默轻描淡写。对荣耀，也用幽默淡然处之。

一次，小肖带儿子来单位玩。这孩子特淘气，一不注意就把电脑的鼠标摔坏了。小肖大怒，抬手照着孩子的头就是一巴掌，打的儿子顿时大哭起来。

这时，同事张姐“噌”地跳起来，指着小肖的鼻子大叫：“你干吗打孩子，你的手怎么这么欠？”这一喊，同事们全蒙了，小肖更是气得眼睛喷火，办公室顿时陷入了尴尬的局面。可就在这时，张姐又指着孩子，不依不挠地说：“你知道这一巴掌起了什么作用吗？你这孩子原本可以当大学教授，就这一巴掌，把个好端端的大学教授打没了。”周围的同事哄堂大笑，小肖也乐了：“大学教授，他有那个脑袋，太阳就得打西边出来了！张姐你可真会说话。”

一句幽默的话顿时化解了尴尬的局面，办公室又恢复了刚才的轻松的气氛，大家的工作热情反而被这个小插曲激发起来。事后，张姐说：“我就见不得打孩子，但话一出口，也觉得冒失了，可又不好意思把话收回去，于是就来了个脑筋急转弯。”

幽默是提升人们工作效率的重要武器之一，情商高的员工工作效率也比较高，因为他们知道如何让自己走出困境，如何让自己快乐的工作。同时，当你在工作中遇到困难的时候不妨用幽默的方式解围。幽默不仅是解除危机的一剂良药，也是避免争论和冲突，进行有效沟通的良方。

幽默是化解尴尬的良药，也是调试办公室气氛的催化剂，有了幽默，同事们不会因为繁重的工作感到枯燥、乏味。在遇到问题时，适当地使用幽默的话语，不仅可以促进同事之间的合作，更可以燃起大家工作的热情。

所以说，高效的工作离不开幽默。恰到好处的幽默，是智慧的一种外在表现，也是一种高情商的体现。多读书，多思考、多沉淀，多接触幽默的人，让自己也成为其中的一份子，让生活多一点趣味轻松，多一份乐观和谐，不好吗？

第二节
幽默才是最高级的情商语言

谁的情商高？谁的情商低？这个恐怕没有绝对的分界线。然而你是否发现，幽默的人情商都挺高，和他们相处总是愉快的。原因就在于他们的话不仅没有任何的评价和指责，即使遇到麻烦和问题，也都能够“春风化雨”地解决，不带情绪去处理事情。

有一次毛主席在延安进行一次演讲，当演讲快结束时，毛主席掏出一盒香烟，用手指在里面慢慢地摸，但掏了半天也不见掏出一支烟来，显然是抽光了。

有关人员十分着急，因为毛主席烟瘾很大，于是有人立即动身去取烟，毛主席一边讲，一边继续摸着烟盒，好一会，他笑嘻嘻地掏出仅有的一支烟，夹在手指上举起来，对着大家说：“最后一条！”

这个“最后一条”，意思是最后一个问题，又是最后一支烟。一语双关，妙趣横生，全场大笑，听众们的疲劳和倦意也在笑声中一扫而光了。

从心理学角度剖析，幽默可以用来缓解冲突，幽默是一种绝妙的防御机制，这个机制不仅可以使当事人从尴尬中解脱，化烦恼为欢畅，变痛苦为愉快，而且还可以化干戈为玉帛，使当事人平息激动回归理智，使彼此在新的基础上重拾默契，增进感情。

那么到底什么是幽默感呢？简单地说，幽默感是一种巧妙地揭露人际关系中矛盾冲突的智力，也是一种捕捉生活中乖谬现象的敏感力。它能够让人开怀一笑，令人回味无穷。英国著名文学家培根曾说："善言者必善幽默。"所以，幽默也是一种特性，它最大的作用就是给你带来愉悦，并且引人深思。同时，幽默也是一种艺术表现，它能够改善他人对自己的评论，促进人际关系，让好运气如影随形。

有位企业女高管，整天忙于工作和应酬怠慢了丈夫，丈夫要同她离婚，当丈夫问她离婚后要什么东西时，她说："我什么都不要，只要你。"有点撒娇的感觉，丈夫听了怎能不心里一热前嫌尽消呢?

所以说，幽默其实是一种化解情绪的方式，一种合理转移的渠道，对于人际关系的维护是有极大好处的，而只有高情商的人，他才能够做到这一切。

再比如，你和同事意见不合，剑拔弩张，幽默地化解一下，事情就有了回旋的余地。你想约女神吃饭，女神很高冷，你讲个段子把她逗笑，说不定就赏脸了呢。你和老婆吵架冷战，讲个段子，老婆突然就被逗笑了，自然就和好了。

知乎上柳三便讲了个段子：今天女朋友又和我吵架，吵得不可开交的时候，我默默回退两步，瘫坐在上沙发上，用双手使劲拍打脑门，懊恼地说：“为什么，为什么，为什么我到现在还学不会和长得好看的人交流？”试问，哪个女生还能接着生气呢？

我们都知道哈佛大学，哈佛不仅是学生们学习的天堂，也是一座充满了欢声笑语的乐园。在这里，无论老师还是学生都面带微笑，见面寒暄时总不乏幽默的语句。所以，哈佛人从来不缺少幽默感。正如哈佛名誉教授奇特·丁所说的那样：“加利福利亚州的农夫需要用收割机来收获玉米，语言这玩意儿更需要得心应手的工具。”这种工具是什么？当然就是一个人的幽默感。

可能在很多人看来，哈佛大学是一个过于严肃的地方，任何幽默和逗笑都是一种不尊敬。然而事实却不是这样，比如作为世界一流商学院的执教者哈佛商学院的教授们，就是一群充满幽默感的人！

几位来自哈佛商学院的教授，在哈佛网络授课平台上发布了一个搞笑的“中国课”视频。

视频中几位教授居然唱起了由“两只老虎”改编的“中国朝代歌”。这个视频一发布，立刻引起了学生们的围观，并且迅速在网络上窜红。

几位教授制作这个视频的初衷，是为了让学生们更加容易记住中国的主要朝代，从而更好地理解中国历史经验对于当代中国社会的影响。

尽管这种教学方法不是特别严谨，可是我们也不难从中读到哈佛教授风趣幽默的表达方式，而且随着教学的灵活性加强，这样的教育形式肯定还会再出现的。这样的幽默教学，学生们也更容易接受。

人们常说：“幽默是心灵的“止痛剂”，是治愈心灵的良药。”它可以让人忘掉烦恼，更加开心地面对生活，也能够化解人际间的紧张关系，让彼此间的感情更加融洽。

幽默的确拥有无法估量的作用，它能够使尴尬的气氛得到调解，让人们对你充满好感。无论在怎样的场合，那些拥有良好幽默口才的人，总能在第一时间赢得他人的好感，获得众人的理解和支持。同时，幽默还能够化解人的尴尬，当你遇到特殊情况时不至于颜面扫地。

幽默感能展现出你的情商，一个懂得幽默的人，更容易获得别人的青睐和信任，很多人都喜欢与有幽默感的人在一起，正是因为幽默有着巨大的感染力。钱仁康先生说：“幽默是一切智慧的光芒，照耀在古今哲人的灵性中间。”由此可见，幽默的人必定情商高，因为幽默才是最高级的情商！

第三节
把握幽默尺度，做到幽默而不庸俗

有的人总是认为，越幽默越好。其实这样的看法是错误的。病从口入，祸从口出。幽默也是有限度的。一句话能把人说笑，一句话也会把人说跳；到什么山唱什么歌，幽默也是同样的道理，要说得合理，应该把握好一个“度”，要有分寸，以免自己的幽默起到了相反的效果。

有时候过度的幽默不仅不能达到预期的效果，而且会让别人觉得想幽默的人有自作聪明之嫌，让人将你看作玩世不恭之辈。只有适度的幽默才能巧妙地化解尴尬，做出最有力的反击，收到预期中的效果。所以，一个人要学会适度的幽默。

萧伯纳少年时就已经很懂幽默，人又聪明，但常常语出尖刻，因此他的幽默总是让人有“体无完肤”之感。有一次，他的一位朋友在散步时对他说：“你现在常常出语幽默，不错，这很好。但是大家总觉得，如果你不在场，他们会更快乐。因为他们都比不上你，有你在，大家都不敢开口了。自然，你的才干确实比他们略胜一筹，但这么一来，朋友将逐渐离开你，这对你又有什么益处呢？”朋友的这番话，使萧伯纳如梦初醒，从此，他立下誓言，改掉滥用幽默的习惯，而把这些天才发挥在文学上，终于建立了在文坛上的地位。

适度的幽默，不仅可以缓和气氛，使人轻松、放松，而且可以给人留下深刻的印象。所以千万不要滥用幽默，用错了场合、用错了对象，就会把自己置于非常尴尬的境地。正确的态度是将幽默当作味精——少则增味，多则恶心。一味地说俏皮话，无限制的幽默，结果反而不幽默了。

那么，我们应该怎样把握幽默的尺度呢？大体上说，需要遵循以下几条原则：

1. 内容要高雅，要与人的思想、情趣及文化修养有关

内容健康、格调高雅的幽默，不但能够给他人带来思想上的启迪和精神上的享受，也能塑造自己美好的形象。内容低级的笑话根本不能算是幽默，充其量只能算是比较滑稽的话。在一次演出时，钢琴家波奇发现剧场里有一半的座位空着，于是，他对观众说：“朋友们，我发现这个城市的人都很有钱，我看到你们每个人都买了两三个座位的票。”于是这半屋子听众大笑起来。波奇无伤大雅的玩笑为他赢得了听众的心。

2. 态度要友善，要以“与人为善”为原则

开玩笑的过程，其实也是交流情感的过程。善意的幽默能够加深你和别人的感情。但如果借着开玩笑的机会拿别人的缺陷来

开玩笑，那样别人就会认为你不尊重他人，只能引起对方对你的厌恶。因此，开玩笑的态度要友善，不要让你的幽默带有批评和攻击的意味。

3. 幽默要分清对象

就像音乐是给懂得欣赏的人听的、画是给懂得欣赏的人看的一样。找错了对象的幽默，就会造成双方的难堪。同一个玩笑，对甲能开，不一定能对乙开；人的身份、心情不同时，对玩笑的承受能力也不同。如果对方性格外向大度，那么即使玩笑稍微开得大了，对方也能接受；如果对方性格内向，习惯琢磨别人的言外之意，那对这类人开玩笑一定要小心谨慎。如果对方平时开朗大方，但刚好碰上不愉快或有伤心事，那么此时就不能随便与之开玩笑；相反，如果对方性格内向，但正好喜事临门，此时跟他开个玩笑，效果可能会好得出乎意料。

对长辈、女性、残疾人和初次相识的人，一定要慎用幽默。和长辈开的玩笑要亲切、高雅、机智，不要轻浮放肆，更不要涉及男女之间的风流韵事。和女性要慎开玩笑。对于不太了解或者完全陌生的人，更不能乱用幽默。和残疾人开玩笑时，一定要注意忌讳。每个人都不愿意别人用自己的短处开玩笑，残疾人尤其如此。

4. 并不是什么场合都可以幽默

不分场合的幽默，可能会影响你的形象。比如说，大家正在聚精会神地研究一个问题，这时，你突然插进一句和工作无关的笑话，非但不能引人发笑，还可能遭到大家的白眼。

很久以前，有一位书生，被大家认为是最具有幽默感的人，不管面对什么人，他总能说出一两句与众不同的话。有一天，他出席了一位朋友父亲的葬礼，在众目睽睽之下，书生安慰朋友说："你一定是个很坚强的人，因为你的父亲是个有名的石匠呀！哈哈。"将坚强与石匠联想在一起的幽默，固然无可厚非，可是由于使用的场合不对，结果只能是使得周围的人感到气愤：这个人怎么一点素养都没有？大家都这样伤心，而他一个人却嬉皮笑脸！如果他的话放在另外一个场合，也许会有更好的效果，但是，这位书生却把幽默放错了地方。

所以，幽默也是要讲究场合，讲究尺度的。如果场合不对，幽默不仅无法达到预想的效果，还可能受到别人的讪笑，乃至于引起别人的反感。

5. 抓住时机在某些特定的场合和条件下发挥幽默

这些机遇是可遇而不可求的，关键在于你能否随机应变。如果总是为幽默而幽默，就会显得生硬、不合时宜、不伦不类，而幽默不但不能成为沟通中的"润滑剂"，反而还可能增加沟通的"摩擦系数"。

纪伯伦曾这样说过："幽默感也就是分寸感。"在生活中，如果不能把握幽默的分寸，单单只是为幽默而幽默，必将损害自己在他人心目中诚实、庄重、可信的形象。这样就大大减轻了自己在别人心目中的分量，甚至直接影响到两人之间关系。

适度的幽默是生活的一剂调味剂，适当地加一点，可以使气氛更融洽，能够使生活更美妙。适度的幽默不仅可以拉近与他人的感情，而且还可以拉近与他人的心灵距离。融洽的气氛是健康生活的必需品，适度的幽默更是健康生活不可或缺的内容。幽默要讲究一定的尺度，如果幽默过了度，做出了有失礼节的事情，则其效果肯定也会适得其反。

第四节
会自黑的人，情商都比较高

美剧《老友记》里有一个可怕的角色菲比，她虽然奇怪但却真实风趣，几乎没人会讨厌身边有一位这样的朋友，菲比式的幽默可能是刻在骨子里的，大多数人学不来，这些年渐渐出现了新形式，叫自黑。自黑也是一种自信和强大的表现，越是优秀的人越是不怕自黑。

跟擅长自黑的人在一起会感觉很轻松，他们既能用有趣的方式化解尴尬，也不伤及他人，他们不端架子，也不玻璃心，跟这样的朋友在一起互相调侃，的确为生活增添了不少乐趣。

阿成同学就是个自黑小能手，在一次部门聚会上，有同事提议让他唱首歌。讲真，阿成同学唱歌太一般，不想露怯，但大家的盛情难却，也不好拒绝，于是他开启了自黑模式，“我唱歌，就相当于在清场，大家都吓跑了。”用自黑的方式既给自己打了圆场，又给这次聚会增加了喜感。

能利用好自黑式幽默的人，情商都比较高。幽默有很多种，有人爱拿大家耳熟能详的明星或者公众人物开涮，有人会用特殊联想对接一个更新鲜逗趣的话题，有人喜欢拿身边的朋友调侃，有人喜欢简单直接地讲笑话和段子，但这些幽默方式如果使用不当很容易影射到他人或者因跟他人看法相左引起争端。自黑却能避免这样的问题，放低自己的身段，拉近关系，即便是嘲讽也是指向自己，说不定还在无形中抬高了他人。

从某种程度上来说，这种自爆“黑点”的行为是一种坦露，但这种坦露有时也是一种自我保护。担心被他人戳中痛处，不如先自我揭露，既然已经公之于众，就是在说明“我有自知之明”，而他人便不忍心再次揭短，对自黑过的人大家总是会给予更多包容和怜爱，哪怕心中有千言万语，也是没办法对一个“自我检讨”过的人不依不饶了。

再则，这种保护还体现在，它帮我们躲避了糟糕结果所带来的心理压力和内疚感。有个身材微胖的姑娘总是自黑说自己是个大胖子，不会有人要，注孤生，朋友要帮他介绍相亲对象，她不问对方是个什么样的人就先自黑，论调依旧，“我太胖，对方如果不是唐明皇，没戏”。相亲无果，想必跟微胖姑娘料想的一样，因为在见面前就已经合理化了相亲失败这件事，并为之找到了“确凿”的理由——胖，当真面对如此结果的时候，内心便不会有那么多波澜起伏。在糟糕结果出现之前自黑，是为自己的失败提前解围。

自黑的人清楚地知道自己在做什么：不过是夸张放大自己的某个不算优秀的特质，再说上几句俏皮笑话而已，算不得什么了不得的大事。比起那些评价自黑的人是自信的，他们更有可能是羞赧的，也是脆弱的，因为害怕登高跌重，也担忧赞誉背后充斥诋毁，那不如就放低自己，用自黑降低别人对自己的期待。

园园嘴唇有点厚，所以读书的时候成了被取笑的对象，给她起绰号——“大嘴巴”人人皆知。她常常被气得流泪，同学们也流泪，不过是笑出眼泪。先是叫她大嘴，然后叫她嘴，好像她全身就这一个器官。

那时候她自尊心强，容不得别人说坏话，即便打不过人家，也和人对骂，经常会被人群殴。想想自己真不划算，其实也没多大事，反正也不掉块肉。再后来，安吉丽娜朱莉和姚晨都因为性感的嘴巴火遍全世界，她就释怀了，大嘴巴也不是一件坏事。

她学会了先发制人，自己黑自己，她的嘴巴其实不大，因为脸大，头更大。按照比例来说，这算尺寸合理。在她拿自己开涮之后，就没人再取笑他了，因为别人不能拿你不在乎的东西伤害你。

工作之后，与其说是没人黑她，不如说是备受欢迎，她把自己黑了个遍，早已无处可黑。个子矮、眼睛小、鼻子塌、发际线高。每一点都不好看，但凑到一起却挺好看。当她开始自黑后，就好像打开了一个隐藏的开关，她的朋友变得越来越多，她领导的部门每天欢声笑语，业绩也高唱凯歌。

她甚至制定了一个自黑计划，工作期间因为常常伴着音响扭秧歌，说很多冷死人的笑话，被同事们尊称为女神经。领导也下定决心把年会交给她主持。正是因为她的率真随性和不怕开玩笑，才把原本涣散的一个部门凝聚到了一起。在她离职去了别的城市之后，依然有好多同事想念她。一个连自己缺点都敢自爆的人，能坏到哪里去呢，所以朋友也自然是手到擒来。听说她在新城市又是备受欢迎。

有时候，自黑还能给自己减少麻烦，杨幂起初被人黑得体无完服，总有人说说她长相不好演技差而且脚臭。她很聪明，抢在网友之前黑自己，一遍一遍又一遍，她的危机渐渐就得到了化解，人也变得可爱起来。虽然她的演技仍受争议，但是很多人都对她路转粉，连我这个不怎么爱看电视的人，都对她肃然起敬。君不见，好多明星靠自黑耍宝，又开启了事业第二春。

敢于自黑的人，才是真正的性感和大气。会自黑的人，过得都不会太差。法国作家雨果说过：“世界上最宽阔的是海洋，比海洋更宽阔的是天空，比天空更宽阔的是人的胸怀。”黑自己的人，让别人无处可黑吧。

第五节
不要错把贫嘴当幽默

幽默是生活中必不可少的元素。越来越多的人开始注重生活情趣，有个美术喜剧脱口秀节目《吐槽大会》，李诞、池子的表演风趣、诙谐，妙语连珠，简直是原创段子小能手，而且讲话特别严肃，经常有一些莫名其妙出现的梗，却可以产生出其不意的笑果。偏偏有的人尚未学会什么是幽默，就错把贫嘴当幽默了。

幽默的表现与贫嘴的表现时机不同。贫嘴往往是“马后炮”，幽默往往是别人没意识到的时候，指出某些事物间的奇妙的联系，而引起对方的“顿悟”，会意一笑。所以，幽默，虽然伴随着思考，但是绝不是思考的简单再现。幽默不能让别人陷入思索，幽默可贵之处在于时机恰到好处。幽默是调侃适度，有收有放，点到为止，雅俗相宜，这其中当真有着语言的艺术。

贫嘴相形之下却显得粗俗无聊了，不但没有雅的感觉甚至让人生厌。

贫嘴有以下特点：

一是话多，但多是无意义的。这样的语言，不能引起对方的情感变化，不能让对方听了觉得愉快。

二是贫嘴的人心中往往缺少对他人和自己的弱点的包容，很少承认弱点，因而无法让别人共鸣。因为自己不敢正视弱点，也无法理解他人的大度，所以也就不敢正视别人的弱点，自然说不出幽默的话。而贫嘴是指“说废话和乱开玩笑，故意挑逗，没话找话，讨好或耍赖皮”。是靠低级趣味、靠装疯卖傻、靠没有边界的表演来博得大众的欢笑。比如，有小品通过模仿残疾人来逗人取乐，尽管模仿得很逼真，让人禁不住发笑，但笑过以后，你会觉得很不是滋味，觉得有愧疚感。这样的娱乐根本谈不上品味，更不能算是一种幽默艺术。

三是贫嘴的人往往不思索，所以当然会说一些应付场合的话，而他所说的事情，往往是别人已经意识到，或者已经多次思索，成为定论的事情，因而，他所说的话，虽然万分正确，但是往往都是废话或者马后炮。

四是他们表情夸张，插科打诨，乱接话，嘴不闲着，不管你愿意不愿意听，他就在那没完没了的叨叨叨，还有好多自来熟的人，不管啥场合，都讲各种黄色段子，各种流氓话，把气氛搅得一塌糊涂，还自鸣得意，感觉世界都是他的了。

很耐人寻味的现象是“贫嘴文化”的兴起。贫嘴文化最为盛行的领域是相声、小品、脱口秀、相亲节目、娱乐节目。这些文艺形式给人的感觉似乎没有了边界，任由艺人发挥。所谓荤段子、顺口溜、脏话满天飞。有些艺人挖空心思地创作“段子”，语不惊人死不休。加上电视、网络、手机等现代传播媒体的推波助澜，这些内容迅速风行于大众。

这种人错把贫嘴当幽默，而自己却浑然不觉，依旧夸夸其谈，自鸣得意于自己的调侃之功中。就连幽默行家相声、小品大师们也难逃此劫。电视里的相声段子、小品表演时常也会落入幽默与贫嘴两大类中。好的相声段子让人听后余韵犹存，笑罢之余仍感喻意深刻；不好的则让你傻笑一下，权当消食；而属贫嘴类的则让人觉着低级无聊，甚至逼得你无法继续听下去。

真正的幽默文化完全不同于贫嘴文化，“幽默”是指“可笑的且意味深长的”表达，真正的幽默让你笑了以后能想出许多道理，笑过以后有一种诗意和美感。比如，卓别林的电影，人们百看不厌，正是因为他的幽默不仅仅能够让人发笑，而且有歌颂和批判的性质，蕴含真善美。再比如侯宝林等老一辈相声表演艺术家，看他们的作品，能感到一种智慧的风趣，有一种优雅的艺术贯穿其中，体现一种艺术品味，让人回味无穷。

乔乔同学刚结识了一位非常健谈的网友小A，也喜欢说笑，但他的话每每会使人感到不舒服，甚至使人厌烦。

那天小A在QQ上找到乔乔。上来就说：“那些人太没品位，都是一句玩笑也开不起的主儿！”于是乔乔马上明白了，他又惹火了一帮人。于是乔乔耐着性子友好地回答他：“也许别人都在忙着吧。”小A马上有见到亲人的感觉，兴奋地说：“还是你好啊，从你的网名上看就比他们强。你不是叫‘人生故事’吗？你人生的故事肯定很多，就是你死后在墓碑上都可以写上：我是一个故事多多的人，想听故事就进来吧！哈哈！”乔乔一皱眉，这话的确听起来不舒服。

乔乔知道他是想幽默一下，拉近彼此的距离，但就是幽默得不恰当。乔乔没在意，笑说：“你很幽默！”他却马上得意忘形了：“你算是说对了！我这幽默不是吹的，赵本山看见我都得跪拜求学！

可就是我那个老板不识相，每天我在办公室里一开口，同事们马上就全站起来出去了。老板居然找到我兴师问罪，把我炒鱿鱼了！”

言语间他的废话相当多，听着逆耳。耍贫嘴都耍得丢了工作，还不知悔改，唉！

叹了口气，乔乔还是耐着性子礼貌地向他解释说：“正忙，下次聊。”

其实，贫嘴倒不是什么万恶不赦的毛病，但一定要注意分寸，注意场合。幽默的语言能使人心情愉悦，但若没搞明白什么叫幽默，泛滥的油嘴滑舌就会招人厌恶了。

幽默是有品位、有一定的文化底蕴的，要努力做到一个风趣幽默的人而不要做浮夸贫嘴的人。幽默使人笑过之后留有回味；贫嘴则是贫瘠的土壤里滋生出来的无知枯苗，加上自大、尖酸的攻击，让人如何也笑不起来了。如果非要笑的话，那也是苦笑。

总之，幽默和贫嘴，一个叫高雅，一个叫低俗；一个叫睿智，一个叫愚蠢；一个叫精辟，一个叫屁精；一个让人高兴，一个让人讨厌！

幽默的人在聚餐或同学聚会上，往往都是受欢迎程度最高的那类人。一般聚会第一个找的就是这样的人，感觉如果聚会没有他们会缺少气氛，他们朋友多，他们在人际交往中能给人带来好感，很多人愿意跟他们相处，他们知道尺度也懂得在合适的机会说合适的话。

幽默是简洁的语言而又不仅仅是语言，一个表情，一个动作，也能传达出轻松的情绪。其次，幽默说到底是对人性弱点的大胆直视，直视才能表现出自己的强大，因此也只有心胸开阔，充满自信的人，才有制造幽默的条件。

第六章　高情商沟通法宝 3 学会赞美

第一节
赞美是最好的开场白

有句话叫“忠言逆耳”，忠言必定不好听，实质上人都喜欢听别人的溢美之词。有些人虽然很渴望得到别人的赞美，但是他们却不会轻易地表达对别人的赞美之情，把生动的言语硬生生地压在心底。这是因为他们还不明白，赞美是一切人际沟通的开始，让对方开心的有效方法就是不断地去赞美他，赞美是世间最美丽的语言，是人际沟通最佳的润滑剂。

1. 没有人不喜爱赞美

有个特会奉承的学生，一套给别人戴高帽子的办法属于无师自通的。他的老师最看不惯他那一种曲意奉承的嘴脸，当然也就不喜欢这个学生。毕业时，老师讽刺那个学生：“这次毕业带什么好礼品回去？”

学生：“老师我准备了一百顶帽子。”

老师“哼”了一声，冷笑了一下。

“老师啊！您别这样瞧不起我，其实我也不想这样，您不知道，社会上的人都爱听好听的，没办法，像您这样德高望重，为人正直不喜奉承，社会上真少见得很哪！”

老师高兴地笑了起来。学生在离开时，再回过头对老师笑道：“老师啊，我现在只剩99项高帽子了！”

没有人不爱奉承和赞美，若果真那样，一定是我们没有找到赞美他的“频道”。

2. 不要指责别人的错误

人无完人，凡是人都有缺点。如果你经常指责别人的错误，纠缠在别人错误的事情上，则会造成双方心理上、观点上的隔阂与矛盾。

不管你多么关心一个人，爱护一个人，你对他有多好，多真，多诚实，假如你一味以指责的方式去对待他，他是绝不能接受的，也是不会领情的。因为你否认了他的智慧，否认了他的尊严，否认了他的人格。而赞美却避免了这一系列的问题。

3. 赞美，是激发快乐的特效药

想让别人对你大方，就要让别人先快乐起来；想让别人快乐起来，赞美便是立竿见影的特效手段。赞美可以激活人的快乐细胞。在今天这个赞美稀缺的年代，赞美和金钱比较起来，一句赞美更会显得弥足珍贵。所以，快乐的人，尤其是你让他快乐起来的人，对你当然会大方很多。

世界有三种人会大方一些：一种是明天就要谢世的人，人之将死，其言也善。一种是暴富后的前三分钟，还有一种就是特快乐的人。显然，前两种我们都难遇到，那么，要想别人大方，唯一能做到的，就是赞美了。

4. 人人都追求优越感

人人都希望自己引人注目，成为他人心中的重要人物。那么在赞美中，给他人制造清晰或朦胧的优越感，便是有利于沟通，有利于快速拉近人际关系的重要技巧。

如果你给对方制造优越感，让对方感觉受到了不同的待遇，对方不仅会很乐意接受你，还会感激你，甚至还希望再次和你互动。

全世界的人都在追求第一、最强、最有能力、最漂亮、最优秀等等，而真正能追到的却只是极少数的人。那么，绝大多数人又怎样来满足他们的虚荣心平衡呢？只有一种方法，那就是赞美。

5. 人是感性左右理性的动物

世界上，发生了很多不该发生的悲剧和一些离奇的事情，若从理性上分析，其实都是可以控制的。可往往控制这些理性的东西，又恰恰是人的感性。

一个人的感性，若真正被你调动了，那么，他想拒绝你，就会比较难。

无论是在做人，还是成事上，要想改变一个人，最有效的方式就是从感性角度出发：传递信心，转移情绪。

人们只有在心情好时才会讲道理。所以，你要想迅速控制一个人，惟一有效的方式就是先用情感带他，然后左右他。

6. 人的行为方式是趋于正面赞美的方向

我们一生中很大一部分精力，都浪费在我们想要而又不曾得到的东西上，以至于我们无暇或者没有精力去关心、注意、发现别人究竟要什么。在成功学中有这样一句话：成功不是靠自己，而是靠别人。然而要想依靠别人的行为方式达到自己想要的，我们就必须先帮助虽人得到他们想要的。

你期望别人朝哪个方向走，你就选用哪个方向的赞美词吧！一切都由你说了算。

7. 人人都活在梦想和光环之中

人的一生都在追寻着梦想。人生最大的快乐就是美梦成真。而现实中美梦成真的却少之又少，那么，不能圆梦的人又怎么能开心和快乐呢？惟一的方法就是他人的赞美。我们可以用赞美来激活他的灵魂，让他们觉得梦想可以实现。事实上，我们可以用赞美来赢得我们所要得到的一切。

人是属于明天的动物。无时无刻不在为明天作准备，所有人一直期待着实现自己的梦想。当你用赞美来肯定他的梦想能实现时，他的心比吃了蜜还甜十倍、不，是甜一百倍。

8. 人人都期望别人对自己真诚

我们赞美的内容是源于对方，但高于对方。如果在表达上稍有不到位，就有可能给人以虚伪、哄骗、愚弄对方的感觉。那么，我们究竟怎样把握好虚拟和夸张的分寸呢？如果想用赞美来表达自己的真诚，那么这个赞美首先一定要符合逻辑，要经得起别人的推敲。

真诚，只有真诚才能换来真诚，只有真诚才能净化人的灵魂。

赞美若不符合逻辑，就等于否定了别人的逻辑智力，就是把别人当成了白痴，那么，你能指望白痴给你什么嘛。要给，也是给你白眼。金庸老前辈对中国文化是用八个字总结的：“做人宜诚，做事宜虚。”

第二节 赞美是需要一些技巧的

美国着名心理学家威廉·詹姆士说："人类本性最深的企图之一是期望被赞美、钦佩、尊重。"可见被赞美是人的内心深处的一种基本愿望。在日常生活中，有人总认为找不到赞美的"借口"，其实人身上值得赞美的地方很多，只是你没有发现罢了，应该去发现、去寻找别人值得称赞的地方，并设法真诚地告诉他，这样就能给他的平凡的生活带来阳光与欢乐，使生活更加光彩。

赞美是一件好事情，但如何在待人处事时适时地赞美别人，却不是一件易事。若在赞美别人时，不掌握一定的技巧，即便是真诚的赞美，也不会达到预想的结局。赞美的方法很多，下面给大家介绍几种可以立即派上用场的赞美技巧：

1. 赞美要坦诚

初次见面，适当的恭维对方是有礼貌、有教养的表现，不仅可以获得好感，还可在心理和情感上和对方靠拢，缩短彼此的距离。不过，赞美的首要条件是要有诚挚的心意和认真的态度。言词反应一个人的心理，轻率的说话态度会让对方产生不快的感觉。赞美的言词也不要太离谱，否则会让人觉得你太虚伪。

2. 赞美须热情

缺乏感情，表示那不是你真正认同的事情。漫不经心地和对方说上一千句赞扬的话，也等于白说。缺乏热情的空洞的称赞，不但不能使对方高兴，有时还可能由于你的敷衍而引起对方反感和不满。“嗯，你这条围巾挺漂亮的。”谁都明白这是一种敷衍。若具体地说：“这条围巾挺漂亮，和你衣服的颜色搭配起来很协调。”显然更有吸引力一些。因此，只要称赞你认为对方值得赞美的地方就好，传达出自己真诚的感受，对方必然感受得到。

3. 借用第三者的口吻赞美他人

虽然当面或直接称赞对方，对方会很开心，但总给人留下不大好的印象，有点恭维奉承之嫌。若换个角度、以“第三者”的口吻来赞美对方，经由他人得知自己暗地受到赞扬，开心的程度会加倍。以“第三者”的口吻来赞美对方，说：“难怪某某一直说你很不错，今日一见……”可想而知，你也更能得到对方的信任和好感，因为在一般人的观念中，“第三者”说的话是较公正的。

4. 巧妙暗示对方的能力

巧妙暗示对方那些你所需要的能力，就是说，当你需要对方的某一帮助时，不妨努力赞赏他这方面的才能，以引起对方的兴趣和自豪感。当他很有兴趣地谈到自己的专长、所取得的成绩、所开展某项业务的辉煌成绩时，你适时地提出与之相关的要求，此时他拒绝你的可能性很小，你要求得到满足的成功率最大，这是经过心理学家及社会学家实验证明的。也就是说，当你有求于人时，就去赞美他、营造一个适合的氛围，才能使你的需求最大程度地得到满足。

5. 称赞要具体、深入、细致

抽象的东西往往不具体，难以给人留下深刻印象。若称赞一个初次见面的人说："你给我的感觉真好。"这句话一点作用都没有，说完便过去了。讲出具体内容，比起笼统的称赞，更能让人觉得你是真心的。比如具体地说出"这件衬衫袖子的设计真好看"，就比只称赞对方"衣服很好看"来得好。

6. 实事求是，措词恰当

当你准备要赞美对方时，首先要掂量一下，这种赞美，对方听了是否相信，第三者听了是否不以为然，一旦出现异议，你有没有足够的理由证明自己的赞美是有根据的。所以，要牢记一点，赞美只能在事实的基础上进行，不可浮夸。

赞美的措词要恰当。一位老师赞美学生们说：“你们都是好孩子，活泼、可爱、学习认真，做你们的老师，我很高兴。”这话很有分寸，使学生们既努力学习，又不会骄傲。但如果这位老师说：“你们都很聪明，将来会大有出息，比其他班的同学强多了。”这样就会使学生们傲气，可能会造成不良影响。

7．赞美多用于鼓励

鼓励能让人树立起自信心。自信是成功的一半，用赞美来鼓励对方，能达到事半功倍的效果，尤其在“第一次”做一件事的时候。做任何事情，都有开头，有第一次，如果对方第一次干得不怎么好，你也应该真诚地赞美一番：“第一次有这样的成绩已经不容易了。”对第一次唱歌的人，第一次写文章的人，第一次……的人，赞扬是对他们最好的帮助，将给他们留下深刻的印象。

8．赞美要注意适度

过度的恭维，空洞的奉承，或者恭维、奉承频率过高，都会令对方感到难以接受，甚至感到肉麻，令人讨厌，结果适得其反。只有适度的赞美才会令对方感到欣慰。适度因人、因时、因事、因地而异，需要不断摸索积累，掌握好这个“度”。

9．称赞到底

大部分的人听到称赞，都会谦虚地表示，“还好啦”“没有啦”，但如果你这样就作罢，被你称赞的人一定很难过，因为他其实是希望你继续称赞下去。

10. 称赞对方前，先“不经意地”发出赞叹

就像吃到好吃的料理，会不自觉地发出“哇～”的赞叹声。举例来说，到部长家作客，吃到部长夫人的料理，大家一定抢着说好吃，但如果你先发出一声“哇～”再称赞“好好吃喔”，就能让称赞更具说服力。音量要保持在对方刚好能听见的程度，而且说的时候绝对不能和对方四目相交，不做眼神接触，听起来会更像真心话。

只有当自己抱着开朗、乐观的态度面对生活时，才能被别人的优点和长处所吸引；只有当心胸开阔，对人对已有足够信心的时候，才能由衷地赞美别人，才能和谐地与人相处共事，使生活道路上少一些荆棘，多一份生命力。赞美是一门学问，其中的奥妙无穷。

第三节
赞美是可以多角度的

赞美有时候没有必要刻意修饰，该赞美就赞美，只要来源于生活，是发自内心的真情流露，就会收到良好的效果。但要更好地发挥赞美的效果，则需要学习以下几个要点：

1. 直言夸奖法

夸奖是赞美的同义词。有的时候就直接说，直言表白自己对他人的羡慕，这是平常用得最多的方法。老朋友见面说："啊！你今天精神真好啊！比上次见你气色还好！"年轻的妻子边帮丈夫披上大衣边说："你今天看上去英俊多了。"一句平常的体己话，一句出自内心的由衷赞美，会让人一天精神愉悦，信心倍增。

2. 反向赞美法

被指责与挑剔，每个人心里都难以接受。为什么不把指责变成赞美呢？看来是难以想象的，能真正做到实在不易，但世界著名企业家洛克菲勒做到了。他是位很具吸引力的企业家，他的周围聚集了使许多有才能的人。一次，公司职员艾德华·贝佛处置失当，在南非做错一宗买卖，损失100万美元。洛克菲勒知道后没有指责贝佛，何况事情已经发生了，指责又有何用？他于是找了些可以称赞的事，恭贺贝佛保全了他所投金额的60%。贝佛确实没想到，感动万分，从此更努力地为公司效力。

3. 意外赞美法

出乎意料的赞美，会令人惊喜。丈夫工作一天后回家，见妻子已摆好了饭菜，开门迎接，妻子准备饭菜看来是司空见惯的，但得到了丈夫称赞，妻子无比开心，饭后碗也很快就自已收拾了；老师见学生把教室打扫得干干净净，便夸奖一番。在学生看来是应该的，却得到了老师的表扬，下次会更积极主动打归卫生。这些看似平常小事，但对方却得到了意想不到的赞美，心情是无比愉悦的。

有时，赞美的内容出乎对方意料，也会引起对方的好感。卡耐基在《人性的弱点》中写了一个他曾经历过的故事：一天，他去邮局寄挂号信，办事员服务质量很差，很不耐烦。当卡耐基把信件递给他称重时，说："真希望我也有你这样美丽的头发。"闻听此言，办事员惊讶地看了看卡耐基，接着脸上露出微笑，服务变得热情多了。

4. 肯定赞美法

人人都有渴望被赞美的心理需求，在一些特定的时机地更是如此，例如：在人多的时候他说了一句俏皮话，在报上发表了文章，成功地完成了论文，苦心钻研多年的项目通过了鉴定等，都希望得到别人的肯定。这时，不失时机给予真诚的赞美会使被赞美者高兴万分。

大家都知道张海迪的故事，她曾应日本友人之邀，赴日本参加特意为她举行的演讲音乐会。在台上，她第一次用自学的日语做了自我介绍，并唱了几首她自己创作的歌。在她讲完之后，日本著名作家和翻译家、主人之一秋山先生上台来紧紧抱住她，说："讲得太好了，我们全都听懂了。"只是这简短的赞扬深深地打动了她，使她在最需要了解自己价值的时候，对自己有了一个清楚的认识，增强了自信心。

5. 目标赞美法

在赞美别人时，为他树立一个目标，往往能让他坚定信念，为这一目标而奋斗。足球教练文斯·伦巴迪是一位富有传奇色彩的人物。在训练队伍时，他发现一个叫杰里·克雷默的小伙子思维敏捷，球路较多。他非常看好这个小伙子。一天，他轻轻地拍一拍杰里·克雷默的肩膀说："有一天，你会成为国家足球队的最佳后卫。"克雷默后来真的成了国家足球队主力队员。他后来回忆说："伦巴迪鼓励我的那句话对我的一生产生了巨大影响。"

6. 因人而异法

心理学家认为，每个人都有一些负面情绪。人人或多或少都喜欢别人的赞美，如赞美他的衣服着装好、办事效率高、精力充沛……总是听得让人高兴。若有人义正词严地告诉你，说他不受恭维，你千万别信他。如果你直言批评一番，他表面上虽风平浪静，但心里也许感到有些不是滋味。

赞美除了要注意角度问题，还要注意被你赞美的人群分类，不同的人对赞美是有不同的反应的。千人千面，赞美之辞也须因人而异。

1、对于年轻人。年轻人寄希望于自己，自以为前途无量，你如果举出几点证明他的将来大有作为，他一定高兴引你为知己；你如果称赞他父母如何了不起，他未必感兴趣；你说他是将门之子，把他与父母一并称赞，也许还合他的胃口。

2、对于老年人。老年人则不然，他自己历尽沧桑，几十年的光阴有着丰富的人生经历，即使还未达到的预期目的，已不存太大希望了。他目前最关心的是他的子孙。如果夸他的儿子学识能力都胜过他，真是出类拔萃，当面抑父扬子，他口头上连说“未必，未必，过奖了”，其实，他的心里比吃了蜜还甜，认为你是慧眼识英雄。

3、对于商人。你如果说他学问好，道德好，清廉自守，他肯定会无动于衷；但你若说他脑子灵活，手腕高明，红光满面，经营有道，日进斗金，他听了一定会很高兴的。

4、对于官员。你如果说他生财有道，手段高明，享不尽的荣华富贵，让人感觉他贪污多少似的，他不大骂你一顿才怪。你若说他为国为民，清正廉洁，劳苦功高，他定会喜形于色。

5、对于文人。你如果说他功底深厚，思想新潮，笔下生花，他听了就一定高兴。

每个人都希望自己的优点能得到别人的承认，也希望自己能得到别人的赞美，不吝啬赞美别人，善说美言，别人听了舒服，而且有利于自己的言行，何乐而不为?

第四节
掌握赞美的时机很重要

赞美是人类沟通的润滑剂，也是一项有效的“移魂大法”。对于我们来说，如果能够运用好这种技能，往往可以取得意想不到的效果。但如何把握时机，恰到好处的赞美呢？一是当你发现对方有值得赞美的地方，就要善于及时大胆地赞美，千万不要错过机会。无论孩子考了好成绩，还是自己评上先进，受到奖励，你送上一句赞语，就犹如锦上添花，可“抵万金”。

但是很多人不轻易夸人，仿佛赞美一下别人自己就会失去什么，似乎也不知道怎么去赞美别人，偶尔赞美别人一次，言语没热情，角度有失误，好像来路里杀出个程咬金似的，令对方猝不及防，对方可能会回敬你一个惊诧的眼神，这是在赞美还是说冷话。

所以，在运用赞美的技巧时，你必须掌握好说话的时机和赞美的度。否则，对方会认为你根本不是诚心的，只是说说奉承话而已，这样反而增添了对你的不信任感，你送出去的赞美就适得其反了。那么，如何把握这一点呢?

小美买了件新衣服穿着很好看，她同事赞美她说：“你刚脱下的衣服的扣子还挺漂亮。”小美又生气又失望地说：“我买的是衣服，不是买扣子，扣子好看什么？”这时另一同事走过去说：“这个衣服的领子真漂亮，衬得你的脖颈像仙女的脖子一样，再配上一个项链，简直美极了。”小美很高兴，心里暗骂前面那同事没欣赏眼光。

机会并不是时时有，赞美的机会也一样。当我们参加一个很重要的宴席、一个很重要的谈判，或者约会，在较短的时间里，如果我们不对别人的优点及时表达，机会就会悄悄溜走。

一次小黄去书店给单位订几十本书，但是书店老板不在现场。

“不好意思，让你久等了？”

“店里一大早就这么忙，看老板忙得这么开心，生意不兴隆都不行啊，哈哈。”

这时老板亲自给小黄倒了一杯水，示意她坐一边等着他。过了一会儿，老板急匆匆过来了。

“你对人真好，亲自倒茶，一般的老板可做不到你这一点啊，我知道您这生意为什么这么好了。”老板很惬意地笑着。他的每一个动作、每一句话都得到了小黄及时的赞美，自然开心与乐意。

“来，这次订什么书，让我看看。”他接过书轻轻地抚摸了一下封面，小心翼翼地翻开。

“像您这么爱读书，又爱惜书，是个对生活特讲究的人，对待别人也一定不只是亲切，而且还肯定很体贴啊！”

“哪里，哪里。”他的眼睛高兴得眯成了一条缝。

整个过程谈话顺理成章，他一直都沉浸在小黄与他愉快的说话中。

当一个人正做着你希望他做的事情时，你给予了赞美与鼓励，那么他的行为肯定会得到强化。赞美一种有益行为的最佳时间，就是瞅准那种行为正在向高潮发展的时候，大声表达出来。有时领导不愿在员工干活儿正起劲的时候说些什么，因为一般都认为那样可能会使热火朝天的工作被打扰甚至会停下来，其实不然。如果事情停下来以后，你再表示你赞美的态度，有点过期作废的感觉，他已经进入情绪疲劳期，好话歹话已经听不进去了，一时半刻激情再难被唤起。

当你要赞美一个人的时候，那个人正在抱怨一个同事。他在发泄情绪，你过去赞美，这就不是恰当时间。所以当你要赞美一个人的时候，一定要特别注意要赞美的那个人正在发生着什么。

当然，除了选择恰当的赞美时机，能在第一时间送上赞美，还要把握节奏恰如其分不要赞美过头。要让人体会到你是在由衷地赞美他，是从心底发出来的，而不是在故意吹捧做秀。而且赞美一定要符合当时的场合和气氛，不要脱离实际。

还要注意过分夸张的赞美，这样的赞美并不是赞美，而是奉承，赞美令人高兴，奉承则令人尴尬，更令正直的人讨厌。赞美之词也不适合在几个人身上重复使用。你刚赞美了那位顾客苗条，又转过身来赞美这位顾客苗条，会显得很应付，不真心，你的赞美就会贬值，人家认为你这不是赞美他，而是拿他取笑开涮。

第五节 赞美的前提是，你能发现别人的闪光点

有一首诗写道："梅雪争春不肯降，驿人搁笔莫评章。梅须逊雪三分白，雪却输梅一段香。"诗中的梅和雪形成鲜明的对比。梅和雪都是只看到自己的长处，看不到对方的优点，以至于一味的孤芳自赏。正所谓尺有所短，寸有所长；金无足赤，人无完人，谁都会有自己的缺点，也都有自己的优点。所以，我们应该学会善于发现别人的长处，进而毫不吝啬的给出赞美。

我国古代儒学的创始人孔子满腹经纶，被世人尊为"孔圣人"。但他始终认为"三人行，必有我师"。他没有自命不凡，而是努力去发现别人的长处，虚心向别人请教。看人要看对方的长处，只有认识到自己尚有不足的人，才能虚心向别人学习，从而不断取得进步。

发现别人的优点可以对比自己，发现自己的优点可以发挥自己。总之，能发现能看清每个人的优缺点，就能更完善自己。

一个人善于发现别人的优点，说明他本人是一个很能理解别人的人；如果一个人只看到自己的优点而看不到别人的优点就

容易以自我为中心，变的自私起来。看到别人的优点就能影射自己，让自己看到自己哪里不如别人好，形成心理差距，这样心中的既定目标就会升级，有些人就是利用这一点，向比别人好的人学习优点而进步的。

试想一下：没有目标的世界或者生活是什么样是生活？你要超越自己就要知道自己的不足，如果心理已经很满足了觉得是最优秀了那还需要更高的目标吗？不用，回答是肯定的。

有个脑筋急转弯的问题是这样的：

问：女人最喜欢听什么话?

答：赞美的话。错!

问：为什么?

答：正确的答案是：假话。

赞美的话有时候其实是假话。因为，绝大多数的人都喜欢听漂亮话，喜欢被人赞美，有时候明知这些赞美的话是假的，但仍然喜欢听。为什么？因为人家给你说些好听的话，至少表明他把你当回事，他尊重你，你对他很重要。

美国作家马克·吐温在《傻子出国记》里讲了这么一个羊皮手套的故事：

我上小百货店去买羊皮手套。店里有位非常漂亮的小姐，递给我一副蓝手套。我不要蓝的，她却说，像我这种手戴上蓝手套才好看呢。这一说，我就动了心。我偷偷看了一下手，也不知怎么的，看起来倒果真相当好看。我左手戴上手套试试，脸上有点发烧。一看就知道尺寸太小，戴不上。

“啊，正好！”她说道。

我听了顿时心花怒放，其实心里明知道根本不是这么回事。我尽力一拉；可真叫人扫兴，竟没戴上。

“哟！我瞧您戴惯了羊皮手套！”她微笑着说，“不像有些先生戴这手套就是笨手笨脚的。”

我万万没有料到竟有这么一句恭维话。我只知道怎么戴好羊皮手套。我再使下劲，不料手套从拇指根部一直裂到掌心去了——我还拼命想遮掩裂缝。她却一味大灌迷汤，我的心也索性横到底，宁死也要知抬举。

“哟，你真有经验！”这时，手背上也开口了。“这双手套对您正合适——您的手真细巧——万一绷坏，您可不必付钱。”当中横里也绽开了。“我一向看得出哪位先生戴得来羊皮手套。这样戴真大方，只有老资格才戴得来。”同行的水手说，这双手套的全部后卫都“溜”了，指节那儿的羊皮也裂穿了，一双手套只剩下叫人看了好不伤心的一堆破烂。可我头上给戴了十七八顶高帽子，没脸声张，不敢把手套扔在这天仙的纤手里。

我浑身热辣辣的，又是好气，又是狼狈，可戴上高帽后心里还是一团高兴。我心里真有说不出的害臊，面子上却开开心心地说：“这双手套倒正好，恰巧合手。

我喜欢合手的手套。不，不要紧，夫人，不要紧；还有一只手套，我到街上去戴。店里头真热。”

店里是热。我从来没有到过这么热的地方。我付了帐，好不潇洒地鞠了一躬，走出店堂。

马克·吐温以诙谐、夸张的手法，淋漓尽致地描绘了赞美在推销中作用。这位百货店的美丽小姐，为了说服顾客买她的羊皮手套，恰到好处地利用人性弱点，即人们在心理和情感等方面的需求，抛出一顶顶“高帽子”，让顾客面子上开开心心地落入她设置的陷阱。

销售员必须懂得赞美。一个不喜欢，也不善于赞美顾客的销售员，绝对不是一个优秀的成功的销售员。每一个人都是上帝最得意的作品，每一个人都是独一无二的奇迹，每一个人身上都有闪闪发光的亮点。世界上，人人都喜欢别人的赞美。我们要学习会欣赏他人并赞美他人。这正如美国著名企业家玛丽凯经理曾说过的：“世界上有两件东西比金钱和性命更为人们所需，那就是‘认可’和‘赞美’。”但这里要注意的一点是：“认可”和“赞美”一定要真诚和自然，一定要发自内心，而不是应酬作秀，更不是虚晃一枪。真诚地、适度地、恰如其分地从内心深处给人以“认可”和“赞美”，有时可以影响人的一生。

我们每个人的天性中不都在渴望得到别人的夸奖和赞美吗？按照马斯洛的需求理论，人最高层次的需求就是得到别人的尊重认可和自我价值的实现。

只需有一颗客观公正的心和一双善于发现的眼睛。发现别人身上的长处并出自真心的赞美，也许你的赞美会改变他的一生。

第六节
当着聋子不说聋，跛子旁边不说跛

为什么有的人一开口就招人烦？为什么有的人一说话就惹人喜欢？说话不难，难的是把话说得中听，容易让人接受。能说、会说并且说到位，往往能把握大局，掌控局面，否则就会处处被动，寸步难行。

《论语》有云：子贡方人。子曰：赐也贤乎哉？夫我则不暇。于议论者而言，尽管“哪个人前不说人”是常态，但在人前人后说人短处的行为也不对。俗话说，麻子面前不议论人家的麻脸，瘸子面前不说人家的瘸腿。对于个头低矮的人，最好是不要提及”短””小”以及”木墩””武大郎”等等与矮小相联系的话语，免得他由多心而伤心。对于有前科的人，最好不要提及”监狱””罪犯”等与他的忌讳相关联之事。否则，他会认为你在指桑骂槐。人无完人，金无足赤。每个人都会有自身的短处或缺点。我们应该学会尊重他人，在言行上回避别人的短处。

爱听甜言蜜语是每个人的弱点，无论是谁都容易接受。所以，先把话说得好听一些，得到他人的认同，而后再拿捏分寸、权衡利弊，自然可以把各种复杂利益关系处置得妥妥当当、圆圆满满。

韩非子在《说难》中对龙作了如下描述：龙是虫的一种，它的性情非常柔顺，人们可以和它亲近，甚至可以把它作为自己的坐骑。然而，它的喉下有一块长约尺许的逆鳞，如果有人触摸了它，那么它必然会发怒，以致伤人致死。

其实，岂止龙有自己的忌讳之点，世界上每一个人都有自己的忌讳，也就是常说的“短处”。在与人打交道时，说话要看对象，每个人身上也都有“逆鳞”——不愿别人触及的隐私、缺憾、伤疤之类的，所以在与对方交谈中，要尽量了解、尊重对方。如果我们有意无意触动了这些敏感的“逆鳞”，轻则使交谈话不投机，不欢而散；重则令对方动怒变脸，甚至招致祸害。

鲁迅笔下所描绘的阿Q、孔乙己、祥林嫂都是我们大家所熟悉的人物，他们虽然性格各异，但在他们身上却有一个共同的特点，那就是都有一处最怕人触动的“短处”。阿Q最怕的就是有人说他头上的疤，谁要是犯了这个忌讳，他准会去找人家拼命，小D就曾为此领教过他的拳脚。孔乙己最怕人揭他的短，揭了他的短，他便涨红了脸，强词夺理、竭力争辩。祥林嫂的忌讳是她曾嫁过两个男人，这是她精神上最大的负担和面子上最大的耻辱，她捐过了门槛后，本以为自己变成了干净女人，动手去拿供品，但四婶大喊一声，使她旧病复发，精神崩溃了。

人们之所以有忌讳，怕别人揭自己的短处，说到底是自尊心问题。怕脸面上过不去。所以，你若想获得朋友，就一定不要触动他们的短处。

大凡具有一定修养、品德高尚的人是从不揭人之短的，这样的例子在历史上比比皆是。据唐朝封演的《封氏闻见记》载：曾做过唐朝检校刑部郎中的程皓，从不谈论别人的短处。每逢朋友中间有人说他人的坏话时，他从不跟着掺和，而且还说："这都是大家乱说的，其实不是这样。"然后再说一番他人的好处。像程皓这样的人能不赢得他人的好感吗？人们肯定会愿意与这样的人交朋友。

人们对于自己的忌讳，通常极为敏感。由于心理作怪，往往把别人的无意当成有意，把无关的事主动与自己相联系。有时，你随口谈一点什么事，也很可能被视为对他的挖苦和讽刺，正所谓"说者无意，听者有心"。因此，我们不仅应避免谈论别人的忌讳之点，同时也应注意不要提及与其忌讳之点相关联的事物，以免造成对方的误会，以至使他的自尊心受到无谓的伤害。

史书记载：明太祖朱元璋曾当过红巾军，被官家称作"红巾贼"。所以，朱元璋对"贼"字和与"贼"同音的"则"字最敏感，也最忌讳。一次，浙江府学教授林元亮作了《谢增俸表》，呈送朱元璋，上有"上则垂宪"一句话；还有位北平府学训导赵伯宁写了《贺万寿表》，上面有"垂子孙而作则"一句话。这些本来都是吹捧朱元璋的谄词，无非说他可做后世的楷模。不料朱元璋因对"则"字过敏，见到"则"字，便以为别人在骂他为"贼"，于是竟把这两位都杀掉了。自然，朱元璋的所作所为有些过于敏感，但是它所留下的教训却是深远的。

事实上，明确了不揭人短的要义，我们往往能左右逢源，人情练达。

怎样在交谈中正确对待别人的短处，这也是一门学问，我们应做好以下几点：

（1）注意不要提及与对方忌讳之点相关联的事物

人们对于自己的忌讳，通常极为敏感。往往“说者无意，听者有心”。我们不仅应避免谈论别人的忌讳之点，同时也应注意不要提及与其忌讳之点相关联的事物，以免造成对方的误会，使他的自尊心受到无谓的伤害。

（2）尽量多谈及对方的长处

人有短处是一点也不值得奇怪的。在与他人的谈话中，应尽量多谈及对方的长处，极力避免谈及对方的短处。这样才容易与他人建立起感情，形成融洽交谈的气氛。从关系学的角度来说，当着“矮子”不仅不说“短话”，而且要专门找“长话”来说，毫不吝啬地赞扬对方的长处和优点，巧解对方的心结。这样，谈话才会投机，沟通才会顺畅，人际关系才会和谐温馨。

“得人心者得天下”，这句古语放在今天，依然掷地有声。商家想得到消费者的青睐，个人想赢得朋友的信赖，老板想获得下属的支持……显然，这都是高情商的抓人心的问题。上半夜想想自己言行举止，处事尺度，下半夜想想别人。荀子说：”与人善言，暖于布帛；伤人以言，深于矛戟。”古人的话语非常值得记取。凡事先考虑到对方的利益，注重对方的心理感受，做出对方易于接受的方案，那么对方必然将心比心，认同你、理解你、支持你，这样一来大家的关系就有了。

第七章　高情商，不同的说服与拒绝

第一节 把握心理，更容易劝服对方

矛盾是普遍存在的，解决矛盾，一般方式都通过说服，说服无效，矛盾激化，才可能采取强制手段，但即使激化仍然需要以说服作为辅助手段。传播知识、治疗疾病、经济谈判等等，都离不开说服。说服工作处处有，时时有有，它的应用范围极为广泛。

说服人家动摇、改变、放弃己见或信服、同意、采纳你的主张，实质上是一场从精神上征服人心的战斗，但又不能使对方有丝毫被迫接受的感觉。一个人几十年形成的思想观点，一个民族千百年形成的风俗习惯、思维定势，你休想通过三五次苦口婆心的说服，就轻易改变。一种崭新的学说、理论、观点、方法，即使已通过一定的实践证明其正确性、科学性、合理性，但要深入人心，仍需经过长期、反复的宣传和说服。说服需要耐心、韧性，打持久战。但遇有特殊情况，也需要集中力量打歼灭战，速战速决。

有的说服，三言两语，就说到了对方的心坎上，疙瘩迎刃而解；有的说服，越说对方越不服，结果不欢而散。这说明说服有一定的规律，是一门有技巧的交谈、对话的艺术。教师、医师、律师、推销员、宣传员、外交官等，天天在做说服工作，一生以不断说服人为己任，更有必要探讨、研究说服的规律，掌握说服的艺术。

在人际沟通中，怎么说话才能说服别人？晓之以理、动之以情、衡之以利，是最常采用的说服方法。

1. 晓之以理

晓之以理，说白了就是讲道理。在说服别人时，如果是比较简单的事情，一两个典型事例，再加上简明扼要的分析，道理就可以讲清楚；如果是比较复杂的事情，由于涉及多方面的因素，触动一点就有可能牵动全局，所以必须全方位、多层次、多角度地进行一系列的说服工作，从多方面展开心理攻势，并辅之以严密的逻辑推理，然后水到渠成地得出结论。需要注意的是，这个结论不宜由自己单方面推断出来传递给对方，最好以征询意见的口气引导对方和你一起来推理，由双方共同探讨得出结论。这样，对方就会把你的意见、主张当成他自己要寻求的答案，从而自愿接受，无须你多费唇舌。这样说服就在不知不觉中完成了。

在运用“晓之以理”的方法说服别人时，一定要信心十足，争取主动，先发制人。如果等到对方已经明确表示了“不行”“不干”“不同意”等拒绝之后，再去说服他，说服工作就会比较困难了。当然，先发制人也要注意运用委婉、商榷的语气，切忌盛气凌人、以势压人。如对方因此而产生逆反心理，再说服他，同样也要付出加倍的努力。

2. 动之以情

“晓之以理”还要结合“动之以情”，才能成功达到说服的目的。在大多数情况下，说服别人在很大程度上可以说是对对方情感的征服。因此，只有善于运用情感技巧，以情动人、以情感人，才能达到说服的目的。

通常情况下，矛盾和冲突往往伴随着情绪上的对立，如果一个人与我们意见相左，在情感上也与我们对立，就算我们把最严密的逻辑学搬出来，也无法使他同意我们的观点，因为情感的对立已经蒙蔽了他的理智。一个人的理智一旦被情感所蒙蔽，他是很难改变自己的意见的。所以我们只有首先动之以情，缩短与对方的感情距离，在情感上先俘虏对方，才有可能使对方改变主意。

福特汽车公司的经理布莱克是一位出色的领导者。在美国工人运动如火如荼的时期，布莱克曾经以诉诸感情的方式成功解决了工人罢工的问题。当福特汽车公司两千多名工人因要求加薪而罢工时，布莱克不但没有发怒、斥责或威吓罢工者，反而夸奖了他们。他在克利夫兰各大报纸上刊登了一段广告，庆贺工人们“放下工具的和平方法”。当他看到工人纠察队没事做时，就买了很多棒球让工人们玩。

布莱克这种做法，其实是以情动人，即在感情上接近对方，从而使得对方愿意接纳自己。那些罢工的工人很快借来了扫帚、铁锹、垃圾车，开始清扫工厂周围的废纸、火柴棍以及雪茄烟头。在劳资双方严重对立的情况下，其他工厂的工人都在为提高工资而罢工，福特汽车公司的工人们却在工厂周围做清扫工作，这种情形在美国劳工斗争史上可以说是空前绝后的。不到一周的时间，那次罢工就获得了圆满解决，双方没有产生任何怨恨。

牧师布道宣传的是唯心主义的宗教，但因以情动人，往往能在催人泪下的同时，不露痕迹地对听众施加思想影响，使人不知不觉地接受其教义。这就是情感的力量。

对于形象思维强于逻辑思维的青少年儿童，对于多数平日没有深刻的理论思维习惯的人，以事比事，将心比心，运用其自身或熟人的经验教训，再加上感情色彩浓厚的语言，去进行绘声绘色地诉说，以情动人，运用情感手段去感染对方、打动对方，这样才能让对方感到亲切可信，引发对方情感上的共鸣，从而为说服对方扫清障碍、铺平道路。

3. 衡之以利

所谓“衡之以利”就是权衡利弊得失，讲清利害关系。那些利益观念很强的人，理难服他，情难动他，唯有“衡之以利”才是切实有效的一招。之所以这么说，是因为这种人“一切以利益为出发点”，不论对国家、对社会的利害如何，就是只从个人实实在在的得失考虑，因此应趋利避害、以接受你的说服为上策。

当然，那些明事理、重情义的人并不会过分讲究利益。但是，你仍应该设身处地地考虑对方的切身利益。在此基础上进行说服，才算得上真正的高明，同时也更能令人心悦诚服。人生在世，为了求得生存和发展，必然会有各种各样的需要，如果丝毫不考虑对方的需要，双方交谈就没有共同语言，说服就更无从谈起了。如果看准对方的需求，说服就能够有的放矢、事半功倍。

所以，我们在说服别人时应该做到“晓之以理、动之以情、衡之以利”，使对方觉得我们是在公正地交换各自的意见和看法，而非抱有任何私人目的，更没有任何不良企图。我们要让对方感觉到，我们是在真心诚意地帮他，是在为他的切身利益着想。只有这样，我们才能有效地说服对方。

第二节
通过“二选一”的方式说服他人

不知你有没有发现，当我们在麦当劳点餐时，若你告诉服务生：“我要一个汉堡、一杯可乐。”服务人员会回应说：“是！您要一个汉堡、一杯可乐。另外，请问要中薯（薯条）还是大薯？”于是你接着回答：“中薯吧！”这就是非常高明的“说服术”，对方不问你“要不要薯条”，而是要你在两个之间做一个选择。如果你一时不察，中了对方“你需要薯条”的假设，过后再仔细地考量起“大”或“中”的问题时，那么麦当劳叔叔就已成功地说服你再多花一些钱了。

在日常生活中，我们经常得去求别人做一些事，或者在意见不合时，我们就要对别人进行说服，来达到我们的目的，如是以选择题（中薯还是大薯）代替是非题（要不要薯条）的做法，是非常聪明的。在说服的过程中，对方因为存在过多的选择、犹豫不决的时候，你作为说服者，就可以采用故意缩小选择范围，只余下两个办法，来让对方做出你预期的选择，这种方法就叫“二选一法则”。例如和客户在沟通的时候，我们为客户设定两个行动方案，提出两个选择，让客户从中选择其一。

在与客户的沟通过程中，我们当然是希望客户能够朝着我们的思路和想法做出行动。但是如果把这个意愿强加给对方，肯定是会引起对方的反感和拒绝。在这种情况下，需要我们准确的了解客户的需求之后，可以设计出两个选项，而这两者都是我们希望达到的目标。然后尝试“二选一”的选择题向客户询问。绝大多数的客人都会在这二选一之中选择一个。因为此时的选择题，已经给客户灌输了一种潜意识，客户的思维方向已经被你所主导。这样的询问很自然地让对方进入到你所期望的状态，从而让你掌握主动权。

二选一的法则是一种提问的技巧。比如你希望约见一个人的时候，如果你只是问对方有没有时间，那么对方的回答只能是“有”或者“没有”，而你要是问到对方：“你是明天有时间还是后天有时间？”那么对方一定会顺着你的问题去考虑他哪一天才有时间，而不是单纯地回答“有”或者“没有”。

所以那些经验丰富的销售人员都是深谙这套话术，在沟通过程中不断的把握局面和情绪的平衡，将客户引导进入自己的思维中来。而且绝大多数情况都是屡试不爽。

据说，香港一般茶室因为有些客人在喝可可时放个鸡蛋，所以，侍者在客人要可可时必问一句：“要不要放鸡蛋？”心理学家建议，侍者不要问“要不要放鸡蛋”，而要问“放一个还是两个鸡蛋？”这样的提问就缩小了对方的选择范围。这种问话，显然可以多做鸡蛋的生意。

一个成功的销售员会这样问顾客："你需要多少？""你喜欢哪种样式？""喜欢这种颜色还是别的颜色？"面对这种问题，客户还来不及多想就直接被你引导到你的问题上，他也就会想是喜欢这种还是那种，到底哪个产品会好一些。

销售人员在销售相机的时候，会问："你喜欢这款时尚型的，还是喜欢那款实用型的呢？"这时候客户一定就会在售货员的诱导下想，到底哪一款最适合我呢？这种方法在其他的场合也很适用，比如一位银行的职员向客户询问的时候，不是问他要不要存钱，而是要问他你要存活期的还是死期的。问对方要不要吃饭的时候最让人头疼，你要是问他："你想要吃什么？"他一定会想半天，然后还是给不了你答复。可是你要是问他："你是吃米饭，还是吃面条？"他一定会对你说要吃米饭或者面条。

这种方法给对方一定的选择机会，让他感到结果不是你加上的，而是他自己选择的。会在你说服他的时候满足对方的自尊心，所以也更容易与他达成协议。

曾经有一个媒婆很会做媒，只要有人开始考虑是否要结婚的话，无论男女，她都会有100%的信心去给他们做媒。为什么她能有这么大的信心？关键就在于她的提问，她说："当一个人对是不是要结婚举棋不定的时候，你只需直截了当地问他'是自由恋爱的方式好呢？还是介绍见面的方式好'，而不能问他犹豫不决的理由。如果他做了选择，那就表示事情已经成功了一半，然后再谈结婚的事。"

在婚姻问题上，很多人之所以举棋不定，最主要的一个原因就是他们对自己想要选择配偶的形象深感渺茫，没有明确的选择范围，不知如何取舍。所以，每当碰到这种情况的时候，她都是暂时不提选择对象的问题，而是直接问他选择什么方式开始恋爱。这样一来，就会使他产生“是否结婚的问题已经解决了”的错觉，从而顺着你的思路做出选择。

好吧，现在让我们一起来做几个练习，看看你是否能运用自如：

1、你想要同事在星期五以前帮你完成企划案。

普通的说法：“你可不可以在星期五以前帮我完成它？”

更好的说法：“为了在星期五以前做完，你觉得是今晚加班好？还是明晚加？”

2、小孩想要妈妈买新的电玩软体。

普通的说法：“妈！帮我买‘世纪帝国’，好不好？”

更好的说法：“妈！你是要帮我买‘世纪帝国’？还是买‘大补贴’？”

3、你想要老公带你去二度蜜月。

普通的说法：“老公！我们去阿里山好不好？”

更好的说法：“老公！你觉得是六月去阿里山好？还是九月去？”

这种不着痕迹的说服方式，对避免人际冲突很有用，只要你多练习、常利用，自然能很容易地得心应手，成为一个高EQ的说服大师。

值得注意的是，“二选一法则”的应用也要注意把握好时间，能在开始的时候使用就不要在结束时用。在对方还没有了解到你要和他沟通什么的时候，想要说服他什么，甚至对方还没有对你产生好感，你就突然问他打算做什么，很可能会让你们变得很尴尬，所以使用二选一法则时一定要讲究时机，以便于问话顺利地开展下去，问出你想要的结果。

生活中，也时常会遇到二者选一的情况，如果你想让对方选择你所期待的，问话的时候最好把它放在后面。比如说你不太想帮别人带东西，你就可以对他说："是我帮你拿回去呢，还是你自己拿回去？"这就让对方感觉到你是在关心他，可是你说了后面的话，他又不好意思说，你帮我带回去吧。

二选一的提问方法，帮我们解决了很多难题，也能用这种方法很容易地达到我们提问的目的，问出我们想要的结果。学会这一招，在我们的生活中，还是很有用的。但是在对方没有足够的了解和信任你的基础上，不要盲目的使用二选一促进成交，这种情况往往会适得其反。还需要注意的是，在使用二选一的方法的时候，你一定要注意语气和态度，让对方在轻松愉悦的状态下成交，而不是造成对方的紧张和退缩。

第三节
含蓄委婉，巧妙拒绝不伤面子

现实生活中，很难做到有求必应，但人在江湖飘，总要面对周围人的一些要求。对于这些要求，有时为了面子，不知道该如何去回应。俗话说：死要面子活受罪。每个人都难以避免的要拒绝他人，难以避免的说到“不”。如果别人笑着脸请求你时，你冷冰冰的说出一个“不”字，会让对方非常受挫，感觉没有面子，还伤了彼此之间的感情，因此害怕拒绝人，也不善于拒绝人。

在自己有难处，或者如果答应别人的要求自己的利益会损失很大的情况下，我们就应该拒绝别人。但是拒绝别人时也要考虑对方的感受，尽量做到不要伤害双方的情感。所以在说“不”时一定要讲究策略。如何拒绝人，而又不伤人面子。这是考验一个人情商的事情。

1. 模棱两可式的拒绝

就是面对别人的要求，第一时间不给出明确的答案。譬如说，以前有个领导，他老婆每次打电话审问他的时候，他的手机信号就不好了。经常是这样：“喂！喂！喂！你说什么，没听见。”然后还假装自言自语的说：“这怎么忽然没声音了，信号太差了。”最后就挂了电话，顺利的躲过审问。这一种拒绝方式，领导和女人都很擅长用。

2. 间接式拒绝

所谓间接拒绝就是要用温和曲折的语句，来表达拒绝的意思。和直接拒绝相比来说，它非常容易的就会让对方接受。因为它在一定程度上，顾全了被拒绝者的自尊心。

比如，一位先生送衣服给一位关系一般的小姐。如果这位小姐反唇相讥：“这是给您妈买的吧？”那就变成泼妇了。不如间接相拒，说：“很漂亮，只不过这种样式的衣服，我男朋友已经给我买过好几件了，留着送给你女朋友吧。”这么说，既暗示了自己已经“名花有主”，又提醒了对方要注意分寸。

拒绝对方，你可以轻松幽默、委婉含蓄地表明自己的立场，那样既可以达到拒绝对方的目的，又可以使双方摆脱尴尬的处境，活跃融洽气氛。

3. 敷衍式转换话题拒绝

敷衍式转换话题拒绝和医学上说的头疼医头脚痛医脚有异曲同工之妙。对你的要求，只是隔靴搔痒的部分予以执行。部分满足，打发一下而已。心态与磨洋工的心态有得一比。你要说没满足你的要求吧，满足了；你要说满足了吧，又感觉没有满足。

譬如说别人让你帮忙，你就可以对人家说：自己真的很想帮这个忙，但是确实没空，要不让谁谁谁过去帮，问对方怎么看。以前在飞机上遇到一个阿姨，坐在座位旁边，途中聊了起来。聊着聊着，就问起了我的工资，问多少钱一个月。这个工资能随便说嘛？男人的工资就跟女人的年龄一样，那都是秘密。于是我也就打发式的回答她：几千块钱的样子。不知道那个阿姨是真不懂还是假不懂。本着探索的精神，要打破砂锅问到底的节奏。我刚说完，她马上又问我：究竟是几千块钱啊？我心想，我工资多少跟你有半毛钱的关系吗？你也不给我一毛钱。但是我不能直接那么说，那样会伤到别人的自尊心，于是委婉的说到：这个跟绩效有很大关系，绩效好的时候就多一点，绩效不好的时候就少一点。为了防止那个阿姨继续问下去，我马上转移话题，只好采取迂回的战术。问她：你今年应该还没50吧？看起来挺年轻的。那个阿姨羞涩的一笑，说哪有，今年都60多了。然后马上问她：怎么保养的？居然保养的这么好。那个阿姨马上滔滔不绝。

当委婉的拒绝不了时，就需要转移话题。这样既避免了自己不想回答的尴尬，也避免了对方的穷追不舍。另外就是别人向你借钱，如果不想借的话，也可以采用敷衍式转换话题拒绝。你可以说："我以前的积蓄都借出去了，再过一段时间就要发工资了，到时取出来就借给你。"这种拒绝方式就比较合理，不说不借，也不说马上借，而是说过一段时间再借。当对方提出某一个请求时，你可以有意识的回避，把话题引开到其他事情，这样，既不使对方感到难堪，又可以逐步减弱对方的祈求心理，达到委婉谢绝的目的。

4. 先肯定后否定式拒绝

对对方的请求不要一开口就说不行，而要表示理解、同情，然后在陈述无法接受的理由，获得对方的理解，自动放弃请求。

如果你的一位同事想把本应该属于他自己完成的工作转嫁到你的头上，你千万要避免出自本能的拒绝："哎呀，您的事我可干不来。"

为了慎重起见，您不妨这样说："我非常愿意帮您的忙，但是不凑巧，我手头上的那份工作还没做完。依我看，您的能力完全可以胜任，不妨您先干起来，或许我还能帮您干点别的什么，比如说，今天我要上街买东西，您不顺便带点什么吗？"

这种带有相反建议的拒绝，合情又合理，对方还能有什么好说的呢？

5. 推脱其辞式拒绝

在不便明言相拒的时候，推脱其辞一种比较聪明的办法。人处在一个大的社会背景中，互相制约的因素有很多，为什么不选择一个盾牌挡一挡呢？

如有人托你办事，假如你是领导成员之一，你可以说："我们单位是集体领导，像你这样的事，需要大家讨论后决定，不过，这件事恐怕很难通过，最好还是别抱什么希望，如果你实在要坚持的话，待大家讨论后再说，我个人说了不算。”这就是推脱其辞，把矛盾引向了另外的地方。对方听到这样的话，一般都会打退堂鼓，会说：“那好吧，既然是这样，那我也不为难你了，以后再说吧。”

6. 条件式拒绝

答应你可以，但是没那么简单，是有条件限制的。而这个条件几乎是常人难以完成的。以前的家长对付小孩就经常采用这招，当小孩说要买什么玩具时，父母就说：你考到了班上第一名就给你买。事实上，你再怎么努力，也是考不到的。这就是采用一个很难实现的条件来做拒绝。你看，不是我不给你买，是你自己不努力。譬如你跟女生说：我很喜欢你，你喜欢我吗？女生说：我喜欢有肌肉的男人，你只要练到6块腹肌，我就做你的女朋友。其实这也是一种委婉的拒绝。就算你练到了6块腹肌，哪怕你最后练到了8块腹肌，人家也不会喜欢你。

上述是常用的拒绝方式，既顾及到了对方的面子，又起到了拒绝的效果。拒绝其实也是一门学问，要摆正心态，学会技巧。同时，要维护别人的尊严。打人别打脸，骂人别揭短，伤人别伤心。拒绝别人，无论什么原因，都是一件很不爽的事情，有时比自己被拒绝还难受。被人拒绝后多多少少的会有些遗憾和不舒服。拒绝是一种艺术，一种学问，能拒绝的就委婉拒绝，实在不能拒绝的就开条件，或者等待时机。同时，我们面对别人的拒绝时，也不要心存幻想，还去傻傻的等待。

第四节
说话也需要把握分寸

身材比较丰满圆润的小菲，因其性格开朗，不拘小节，向来是众人调侃的对象，这天聚会，小菲来得最晚，而且是携男友前来，谈话间，欢欢张口就调侃：小菲，这是你今年带来的第几个了。一句话惊呆在场所有人，小菲瞬间变脸。这时，欢欢也感觉不妙，赶紧补救：亲爱的，我说话直，你男朋友不会介意的哦。

那些自诩为坦率直性子的人，打着“心直口快”的旗帜去伤害别人，猛戳别人的痛处，只能更加表现自己的自私罢了，你说话不经大脑，却让别人因为你的“直”，你的口无遮拦买单，却还要原谅你所谓的“直爽”。

俗话说的好：“怎么说比说什么更重要。”过于直白的表达，不顾及对方感受的表达，在沟通中绝不会起到积极的作用。常言道：“忠言逆耳利于行”可是现实生活中，忠言虽然利于行，但是不招人待见。拐弯抹角虽然要绕一点，但是往往能得到两全其美的效果，既不得罪人，又表明了自己的立场。英国思想家培根曾提出：“交谈时的含蓄与得体，比口若悬河更可贵。”

直来直去的说话方式虽然很痛苦，可是别人并不一定乐意接受。

有的夫妻总是吵架，很多时候都是因为对方的话不中听，太直白，令自己难以接受，比如，有的丈夫陪者妻子去逛街，当妻子看上一件衣服时，总爱征求一下丈夫的意见。可是丈夫心疼自己的荷包，或是觉得这件衣服真的不合适妻子时，也许会说："太难看了！穿上比我妈还要老。"妻子听了心理肯定会不好受，于是扔下衣服，悻悻而去，有的干脆和丈夫吵起来。女为悦己者容，如果丈夫一点都不顾及妻子的心情，说些生硬、贬损的话，必定会有损妻子的颜面。但是如果丈夫能委婉一些说"我媳妇这么漂亮，不能穿得跟咱妈一样啊。"相信无论哪个妻子经丈夫这么一夸，都能立即领悟丈夫的意思，放下衣服的同时心理还美滋滋的。

更可气的是，那些所谓说话直白的人并不是对所有人都一样。如果他遇到的是一位大老板，就只会阿谀奉承，溜须拍马，哪怕这个老板长得像头猪。他的真实不虚伪不知道跑到哪里去了。大多数标榜自己说话直白的人，往往说出一些伤人的话，又希望别人理解他这种率真的性格，这真的不是率真，这正是幼稚和自私的表现。直白可以，但请不要伤害别人，无论你是善意还是恶意，每个人的承受能力都是不一样的。你"真实"口不择言，往往会对别人造成伤害！

"最高的情商叫自有分寸"。每次看《奇葩说》，都觉得马东情商好高，hold得住一帮"妖魔鬼怪"，史航形容他，最牛逼之处就是"精确和分寸"。观察我们身边那些特别给人好感的人，也都有一种让人舒服的分寸感。很多时候，幽默和刻薄就在一线之间。就算做不到那么高级，但至少可以学习一些基本规则。

1. 不要以为混熟了，就可以肆无忌惮地开玩笑

每个人的底线不一样，每个人都有心里脆弱的一面。如果你说一个女生像“小胖猪”，还有点萌，但你说她像“母猪”，那就是辱骂了；你说朋友“笨蛋”是玩笑，你说他“蠢货”，就是骂人。私下里大家尺度都可以很大，但是如果有很多朋友在场，你随便开玩笑，就可能伤到朋友的面子。每个人的底线不一样，每个圈子的底线也不一样，搞不好对方也许会翻脸的。

2. 当别人自黑的时候，不要去跟着“补刀”

你知道别人自黑的潜台词吗？就是“快来反驳我啊”。所以，当别人说自己胖啊、矮啊、头大啊，种种缺点的时候，我们如果兴高采烈地补充道：“你确实是很胖、很矮……。”这时就显得不那么聪明一些了。他自黑可以，但你不能跟进。

3. 不必对异性拘谨，但要保持界限

有些女生自诩汉子，跟男生称兄道弟——一般的男生无所谓，但是对于那些有女朋友的男生，真的要注意保持距离。尤其是你这种态度，说是哥们的，男生的女朋友还不好意思吃醋，如果吃醋，还显得人家不够大气。别跟人家女友说什么“你别介

意，他不把我当女人”，你又没变性，你再汉子，本质也还是女人啊。大家都是成年人了，要懂得友情是有边界的，随意越界的人，真的是人品有问题。

4. 不要随便评价别人的生活方式

只要你不是别人的爹妈，说以下的话都是很讨人厌的：别人单身，就说，“单身不好，你应该找一个”；别人丁克，就说，“没孩子你们以后会后悔，赶紧生一个啊”；别人留在小城市，就说“大城市才有机会，留在小地方没出息”。其实这些统统与你无关。因为生活方式是没有标准答案的。每个人都有选择自己生活方式的权利，不要把你的价值观强加给别人。

5. 不要好为人师，尤其是在别人做事的时候指手画脚

比如开车的时候，不要坐在副驾驶座上叨叨。各种指导别人开车，全程指手画脚不停歇的人，简直就是魔鬼附体！……既然你选择了让别人做，就尊重对方，信任对方，不然的话，你行你来啊！

委婉的说话，是一种交往策略。说话委婉含蓄能表现一个人是否懂得为人之道、处世精明、待人宽厚等性格特质。对现代人而言，掌握委婉的说话方式既有利于人际交流，又对自己大有裨益。

第五节 微笑，能说服所有人

“微笑是人类的特权。”微笑是这世界上最美好的表情。微笑是开启人与人之间关系的钥匙。微笑的女人，总是会不自觉地嘴角上扬，这被众多男人视为世界上最美好的表情。《蒙娜丽莎的微笑》被誉为卢浮宫的镇山之宝，其真正的价值其实在于画中女子迷人的微笑。她的微笑，嘴角上扬的弧度恰到好处，矜持而迷人，美好而耐人寻味。任何男人，或者任何女人，都无法不爱上这种微笑。微笑，不但可以使人们和睦相处，也是进行说服与拒绝的最好的心理武器。

闹市区的某个单位，经常有小商小贩在上班时间趁门卫不注意，偷偷溜进办公大楼，推销商品。有时工作人员专心致志地工作时突然有商贩敲门，有的甚至不敲门直接推门进来推销商品，让大家头疼不已。

有一天，一个小伙子敲门走进办公室，微笑礼貌地说道：“对不起，打扰一下，我是某某公司的驻本地代表，请问你们是否需要电脑清洁纸巾？如果需要，可以给你们优惠。”见多了形形色色上门推销的商贩，大家对此并不感冒。一位同事说："我们不需要你的产品，请你离开好吗？"深受其扰的人们脸色也很冰冷。

可是他并没有沮丧，依然带着微笑温和地说："不买也可以啊，允许我给你试一下产品好吗？"他很快拿出一包纸巾擦拭我们电脑有污垢的部位，动作十分投入、认真、娴熟，但埋头工作的人们并没有买他的帐。结束后他还是礼貌地说了声："对不起，打扰了，再见！"

片刻，他又来了，说："你们领导说了，需要这种产品，请再考虑考虑好吗？"一个同事开玩笑地说："领导需要就让领导买去，我们不需要，请你还是走吧！"同事的话没有一点商量的余地。但是他并没有因为大家的冷漠而放弃可能赢得的希望，努力详细地介绍他所推销的产品的性能和好处。最终，谁也没有理睬他，他还是微笑着离开了。

第二天早上一上班，他又来了。还是一样的诚恳、一样的期待，大家仍然一样的冷漠、一样的脸色，很坚决地拒绝了。让人纳闷的是，不论对他有多么讨厌、冷漠、拒绝，他脸上始终洋溢着笑容，没有一点不悦的表情，微笑着进来，微笑着离开。

第三天他还是来了，但得到的还是同样的待遇。没想到的是第四天他又出现在办公楼内。考虑到单位电脑较多，领导答应买他300多元的产品，前提是他必须拿出正规有效的发票，否则不予购买。他的发票是外地的，尽管有水印，可财务人员不在，大家不能确定发票真伪。最终明确告诉他不要了，请他到别处去推销。他眼里闪出一丝希望的光芒，连声说谢谢，微笑着告退。

第五天他仍然来了，出乎意料的是，他不但带了价值300元的产品，还带了税务部门的发票鉴定证明！大家买下了他的产品。

没有人拒绝微笑，且这种执著的微笑精神，往往是一条通向成功的道路。

说服往往是一个人口才的最佳展示，但遗憾的是，能成功说服他人的人并不总是口才好的人。很多时候，说得再多都不如一个真诚的、善意的微笑更容易让人接受。

实验证明，说服成功的人大多是那些面带微笑、和颜悦色的人，会让对方在这种和善的氛围中不自觉地放弃自己原有的立场和想法。而总是绷着脸的说教式的说服者在开口的一瞬间就已经注定了失败的结局，因为这会激起人的本性中对于强迫的强烈抗拒。

而有时最好的拒绝方法也是微笑，那些激动的，愤怒的，委屈的情绪都不应该用在拒绝别人的要求上。即使是再不合理的要求，你也可以面带微笑地说不。

一个朋友的表姐来广州谋生，有段时间每个周末都会不请自来，到她家坐上半天。朋友到了周末很想好好休息，但因为表姐的到来不得已要陪着应酬。

朋友很烦恼，就问一个身边公认的高情商同事该怎么办？那个同事建议她说，不妨微笑着对你表姐说：谢谢你每周来看我，但是到了周末我也想有些时间做自己的事，我们再约见面的时间，好吗？她怀着忐忑不安的心情和表姐说了，没想到只说了一次就妥善地解决了问题。

毕淑敏曾经说过：拒绝如同生存一样是一种权利。成熟的人都懂得，微笑着对不合理的要求说不。

心理学研究表明，微笑与人的形象有着奇妙的关系。虽然微笑是一种面部表情，却反映了人的精神状态和生活态度。在现实生活中，微笑还是人际交往的润滑剂，能帮助人们驱散心头的烦恼，消除人与人之间的隔阂，让你在职场上越走越顺畅。

在谈到自己的成功秘诀时，钢铁大王安德鲁·卡内基最得力的助手斯瓦伯骄傲地说："我之所以能成为全美国薪水最高的打工者，主要是因为我有着迷人的魅力。我的人格、我的品德、我与人相处的方法，这些都是我的成功秘诀。但是，我最迷人的还是我那发自内心的微笑，至少要值100万美元。"

对此，密歇根大学心理学教授詹姆斯·麦克奈尔认为："那些时常保持微笑的人，在管理、教育、推销当中会更容易获得成功，更容易培养出快乐的下一代。笑容比皱眉头更能传情达意，这正是为什么教育中更应该以鼓励和微笑取代体罚和处置的原因所在。"纽约一家大型百货商店的人事部经理也说："我情愿出高价雇佣一个脸上总是带着可爱微笑的、连小学都没有毕业的女职员，也不愿雇佣一位冷若冰霜的哲学博士。"

微笑就像一把开启人的心灵的钥匙，是建立人与人之间关系最好的桥梁。毋庸置疑，无论遭遇多大的困难，一个时时微笑、对事事微笑的人最终都能实现终极目标。因此，任何时候都不要吝啬你的微笑，因为那是你所能拥有的最美好、最有魅力、最能征服他人的表情。

第八章 高情商沟通，陌生人瞬间变熟人

第一节
高情商的人，从不拒绝陌生人

小陈天生方向感就不太好，是个路痴，尤其怕出差，怕一个人出远门。她常常会为问路而头疼。一再犹豫之后，才会硬着头皮走上前去。之所以如此，因为她就是对方的陌生人，她怕对方将她当成是一个借问路之名而行骗的人。

这样的人，也许大家都遇到过。一开始先以问路为名，跟你套近乎，然后偷偷摸摸从怀里或从口袋里掏出一个什么古玩，还有手机什么的，开始兜售。有的还是问路，打听了一下，就开始说有多苦多难伸手要钱了。其实，这都是他们下的套，瞄准的是你口袋乃至你家里的钱。她怕被当成是一个下套人，吓着别人，或者拔腿而去，所以她怯于问路。

不要和陌生人说话，这些年几乎已经成为人人皆知的共识，连三岁小童也不例外。电视里、报纸上、车站码头，到处都可以看见这样的提醒。离开家门，别人是我的陌生人，我同样也是别人的陌生人，人与人之间，一下子就形成了这种剑拔弩张的关系，处处警惕、防范，一句好意的问候也会被当成是有什么图谋的潜台词，唯恐被偷、被骗、被抢、被伤害。现实情况当真有这么严重吗?

前不久，公司里的销售，小张去了一趟广东，在火车车厢里，一开始他周围的几个人彼此的脸都绷着，充满了冷漠和不信任，后来，因为旅途的漫长和寂寞，有人开始小心翼翼地说话了，再后来大家就越说话越多，越说越投机，聊到半夜还不想睡，最后到了广州站，几个人还合打了一辆出租去长途汽车站，到站后，付钱的是一个本地的广州人，他送这几个人到汽车站再回自己的家，而他并不顺路，要兜一个圈子。他的目的简单到如他自己所说，一路上大家很开心，以后再也见不到你们了，送一程是应该的。

和陌生人说话其实很愉快，也很难忘，关键是在交往过程中不要涉及到钱，这是最让人敏感的字眼，其实普通朋友间涉及到钱也很敏感，如同地雷一样不能碰，谈其他什么都可以，而且，在谈的过程中，对方的人品、学识、兴趣，彼此都能了解，合得来的，有话可说的，可以做一个旅途上的朋友，相互照顾和关心，多一个伴，比形单影只要方便得多。

有一句流传甚广的口号是“在西藏不一定会发生什么，但在去西藏的路上一定会发生什么”，这个发生就是指陌生人和陌生人之间的故事、有情有义的故事。在这条路上，我想，陌生人和陌生人之间不再是假想敌，而是可能一眼就会喜欢的“驴友”、“背包客”。“海内存知己，天涯若比邻”，不仅是一句古诗，也是这条通往高原之路的写照。在这个时候，“只爱陌生人”也不仅仅是一句空洞的唱词了。

在网络上，有些人专爱和陌生人说话，遇见心灵相通的陌生人往往无所不说，而和熟悉的人却不能说。同样的道理，在现实生活中，对陌生人也没必要紧张，陌生人真的没这样可怕，他们不就是我们身边从事各种职业的人吗？我是他们的陌生人，他们是我的陌生人，在适当的场合，和陌生人说话、微笑，真的比板着脸、充满敌意的目光要令人愉快。赶紧和陌生人说话吧！与陌生人聊天的乐趣比我们猜想的多很多。

这儿有个简单的选择题给你做：你愿意花4分钟和一个老友聊天还是和一个陌生人聊天？

我想大多数人都会选择和朋友聊天吧。和熟人聊天让我们觉得自如、放松和熟悉，我们知道对方会有哪些反应。但和陌生人聊天就有这样的危险：我们不知道会发生什么。

和陌生人在一起我们需要花更多的精力做一件事：“印象管理”。和朋友在一起，你能做你自己，想怎样就怎样；但和陌生人一起，我们会更注意自己的言行，不停地思考怎么去管理在别人眼中的印象。

正是这种自控带来的压力使我们感到气馁。但是，最近的研究表明，这份努力的背后潜藏着不少好处，能让我们更好地学习怎么和我们相熟的人打交道。

2007年在邓恩的实验中，他让参与者们预测以下的反应到底哪个能让他们更开心：

（1）和伴侣交流，

（2）和一个陌生的异性交流；

邓恩让参与者和以上两类人聊天，并且让他们比较事后哪个更好。

结果表明，和预期的不同，人们和自己的伴侣聊天的感觉没有那么的愉悦；相反的，人们和一个陌生异性聊天后会相对更开心些。

这是为什么呢？

研究人员的答案是：原因在于你在聊天时是否付出了努力。有时候，当我们和朋友、伴侣聊天时，都不会费尽心思去愉悦他们，不用自我炫耀，展示自己最光亮的那一面。但是和陌生人聊天我们需要更费心思些。

在接下来的实验中，研究人员告诉参与者这次要用心和自己的伴侣沟通。果然，实验结果是，他们的互动带来了更多的喜悦感。这就表明，只要我们更用心些，我们完全可以和在伴侣、朋友的交流中获得更的快乐。

这项研究有一个惊人的结论：当我们在预测和一个陌生人聊天会有多快乐时，我们总是忽略了自身的努力；但在和我们的伴侣聊天时，我们却又忽略了自己是多么的倦怠。

启示就是：

第一，我们总是想当然的认为我们的伴侣和朋友会接受我们的怠慢；

第二，和陌生人聊天是很快乐的，因为我们真的在自我炫耀中感觉更好了。

上面讲了，其实和陌生人沟通也是一个不错的选择，并不是想象中的那么难受。如果你羞于和陌生人交流，也可能是存在某种程度的社交恐惧。要克服社交紧张心理，首先就要注意调整好自己的心态，树立一些良好的观念：

1．悦纳自己树立自信

很多社交紧张者就是因为不悦纳自己、对自己不自信造成的。所以，要改变首先就得在心里接受和悦纳自己，树立起对自我的信心。

2．不要对自己要求过高

过于追求完美，对自己要求过高，就容易患得患失，太在意别人对自己的看法，一心想要得到别人的承认，从而迷失自己。接受自己的现况，不要去管别人怎么看，你越害怕出错，就越会感到手足无措。

3．不要太在意自己的身体反应

紧张总是伴随着一系列的生理上的不适，根据“强化理论”，如果紧张时我们太注意自己的身体某些部位的紧张反应，就相当于是在强化自己的紧张行为，使其一步一步地加重。而当我们不去管自己的紧张反应后，由于紧张得不到注意和强化，紧张反应就会随着时间的推移而逐渐消退。

恐惧逐渐克服之后，你就可能成为社交达人，走到哪里都有朋友。

第二节
投其所好，从对方的喜好开始谈起

“酒逢知己千杯少，话不投机半句多”。在交际中，我们会遇到形形色色的人，如果你不能迅速跟他人找到共同话题，很可能就会失去一次重要的交际机会，甚至引起对方的不满。有时遇到感觉不好的人时难免会尴尬，感觉话不投机。如果你想别人喜欢你，让他人对你产生兴趣，最好的解决办法就是，从对方身上找让他感兴趣的话题，迎合对方感兴趣的话题和爱好，说话投其所好，寻找双方共同点，打开他的话匣子。如果能做到这些，你必然会成为交际高手。

1880年年初，罗马的上层社会开始谈论一个名叫加布里埃尔·邓南遮的年轻记者。这件事颇为奇怪。因为意大利王族对圈外之人的蔑视是根深蒂固的，而且在新闻行业中，记者是低的不能再低的职位了。邓南遮出身于一个严苛的中产阶级家庭，既没钱又没有什么社会关系。另外，在那些贵族眼里，他长得简直丑陋得无以复加——低矮粗壮的身材，皮肤黑黑的，脸上全是斑点，眼睛外凸。男人们觉得他长得如此不堪，因此就放心地让他在妻女们中间厮混。当然这些夫人太太们也觉得跟这个怪兽在一起很安全，因此对他热衷于传播的流言也都当笑谈。注意，是那些太太夫人们在谈论关于邓南遮的流言，而不是那些男人们。丈夫们介绍邓南遮与他们的夫人认识，那些公爵夫人、侯爵夫人不久就都觉得这个长相奇怪的人很有意思。可是当他与她们单独在一起时，他的举止立刻就变了。短短的几分钟内，夫人们就如同中了魔咒一般。首先，他的声音温柔和缓，无比动听每一个音节都清晰悦耳，节奏流畅，充满感情，如同仙乐在耳边奏响。有个女人把它比喻成远处传来的教堂钟声。另一些女人则认为他的声音有种“催眠”的效果。这个声音所说出的话同样充满情趣一悦耳的声音、迷人的风格、诗意的形象—这样的赞美之词足以将女人的心融化。

邓南遮精通阿谀之术。他似乎了解每个女人的弱点：他称这个女人为自然女神，称那个女人是艺术界无与伦比的艺术家，又把另一个女人叫作“书中走来的浪漫仙子”。当他言辞确凿地说她使他多么癫狂时，她都高兴得飘然欲仙了。一切都具有如此强的诱惑性，都在暗示着浪漫的风流韵事。到了晚上她反复掂量他的话，其实她想不起来他到底说了什么，因为他的话根本就没有什么实质性的内容，她所回想的是他所给她的那种感觉。第二天她就会收到他的一首诗，似乎专门为她而写（事实上，他写了几十首大致相同的诗歌，只是因为要征服的人不同而稍微做了改动）。

几年后，邓南遮开始做上流社会的专门记者，他娶了加勒斯公爵家的女儿。不久，得益于上流社会中夫人太太们的鼎力支持，他开始发表小说和诗集。他所征服的人都爵高位显，而且品位不俗。不仅使侯爵夫人们拜倒在他脚下，就连知名的艺术家们也对他欣赏有加，比如女演员埃莱诺·杜丝·埃莱诺，杜丝不但协助他成为令人尊敬的戏剧家，还帮助他成为文学界的知名人士。

邓南遮的成功和魅力又是从何而来呢？其实，邓南遮只不过是通过语言、行动让他人觉得他们自己很有魅力，从而产生一种美妙的错觉。

通过精巧的措辞，他能运用引诱、暗示、婉转献媚等方式，轻易地让对方陷人意乱情迷、激情荡漾，或是情烈如火的状态。浪子们对语言的运用和支配有种魔鬼般的特性。这正是伊甸园中的蛇一用语言引诱夏娃进了圈套。

邓南遮正是通过“投其所好”的策略让周围的人喜欢他，从而获得自己想要的东西。

如果你想要人们相信你是对的，并希望对方按照你的意见行事，那就首先需要让别人喜欢你。只有做到让别人喜欢你，才可以达到你的目的。而迎合别人的喜好，能够以最快的速度让别人接受并喜欢你，这就是我们经常说的投其所好。“投其所好”就是要针对对方的喜好，从其弱点下手，让人无法抗拒。这种方法具有很大的隐蔽性，但是很容易达到成功。知道对方的爱好就是最容易取得突破的地方。我们往往能够通过一个人的喜好了解他人的心理，判断出对方的性格和深层的心理结构。

投其所好并不是什么不可告人的卑鄙行为，而是一种攻心术。但是，如何做到“投其所好”呢？

首先要发现对方的“闪光点”。谈话陷入僵局，很大一部分原因是因为谈话的双方在立场、感情、原则上出现了分歧。尤其是销售，消费者和销售者之间的分歧是必然存在的，只有打通双方的心理渠道，进行良好的沟通，才能取得沟通的成功。

再次，从“要害处”寻找最佳切入点。美国汽车大王福特说过这样一句话：“假如有什么成功秘诀的话，就是设身处地替别人着想，了解别人的态度和观点。”替别人着想不但能更好地获得对方的理解，还能更清楚地了解对方的思想轨迹，切中对方的“要害点”。

第三节
没有人会忘记一个高情商人的自我介绍

与陌生人沟通，首先要做的就是自我介绍。自称介绍是使第一次沟通变得更加完美的一块敲门砖。

自我介绍是一种艺术，需要一定的技巧，但有的人对这些从没研究过，也不知道方法，就是简单说一下自己的名字，结果到最后对方连他的名字也记不住。

自我介绍时，应该开门见山，直截了当，言简意赅，说话时间不要太长，最好控制在三分钟之内。其中介绍自己的姓名也有很大有讲究。介绍自己的名字是讲话场面必不可少的环节，如何学会具有特色的介绍自己的名字，让别人一听就能记住，并能对号入座，这是非常关键的。

比如，有两个同学，一个叫巩红梅，一个叫邢芸。

巩红梅是这样介绍的：我姓巩，名红梅。巩是冯巩的巩，巩俐的巩，也是巩汉林的巩，虽说跟他们一个姓，但是我的艺术细胞却比不上他们。但，我的名字有骨气——红梅，就是笑傲寒风，飞雪迎春的红梅。希望大家记住我，我叫巩红梅。

邢芸，是这样介绍的：我姓邢，就是左边一个开字，右边一个耳朵旁的邢字，芸字，是上面一个草字头，下面一个云彩的云字。父母给起的，我也不知具体的什么意义。谢谢大家。

明显的，两人介绍，前一个就会一下子让人记住，而且赢得了听众的掌声，赋予了自己名字积极的意义。后面的介绍就是太普通的一般人的介绍方法。所以大家一定要学会如何艺术的介绍自己的名字。

一、赋予名字积极的意义。比如，前面的巩红梅的介绍就是的。

二、故事法。讲明名字的来历或者编一个关于名字的故事，也是比较好的方法。如：孙迎菊，可以这样介绍：我叫孙迎菊，据我妈妈讲，在我出生的那天，我家窗台的一那盆菊花一夜之间就绽放出来，于是我妈妈就给我起了这个一个名字。

三、与名人挂钩。与名人挂钩，可以利用名人效应，让别人更容易记起自己。比如，有一位同学，叫：周江平，他是这样介绍的：我叫周江平，周是周恩来的周，江是江泽民的江，平是邓小平的平。三位伟人都是我最崇拜的偶像，因此，我时时刻刻都把偶像挂在嘴边。

四、谐音法。利用谐音也能很好的给人留下想像的空间，留有余味。如，我们刚才讲的：邢芸，这个名字，就可以这样介绍：我叫邢芸，芸是芸芸众生的芸。我告诉大家一个秘密，你们要经常喊我的名字，你们就会得到好运。因为我的名字的谐音就是：幸运！请大家记住我，我会带给你们幸运的！

五、图像法。就是营造一种图象，让别人想像一下，这样更能人记住你的名字。比如：余江雁，这个名字，就可以这样介绍：大家好，我叫余江雁，请大家想像一下，在长江上空，有一只大雁在飞翔，搏击长空，那就是我，余就是我的意思啊。请大家记住我的名字：长江上空的一只翱翔的大雁。

六、和地名挂钩。和自己相关的地方挂钩，既让对方记住了自己的名字，又能知道一些其他信息。比如：李淮河，可以这样子介绍：我姓李，来自江苏，在秦淮河边长大，因此我名字就叫做：李淮河。

七、调侃法。有些场合用一些调侃自己的方式，给人以轻松的记忆，效果也是非常好的。比如：秦珅，这个名字，可以这样介绍：我叫秦珅，秦是秦桧的秦，珅是和珅的珅，虽然这两位都是大奸臣，但我其实是个大的好人。心地善良，有情有义，既和秦桧无缘，也与和珅不沾边，希望大家记住我，也请相信我，一个大好人：秦珅。

介绍自己名字时，也少不了介绍自己的籍贯，可以与当地的人文历史挂钩。例如：南昌：我来自南昌，就是中国革命斗争的第一枪就是在南昌打响的。也可以与地理方位挂钩例如：桂林：我来自桂林，著名的旅游胜地，桂林山水甲天下。甚至可以与当地小吃特产挂钩。例如：保定，我来自河北保定，我们那的驴肉火烧全国有名。

人们刚听到你的名字，很难一下就记住，上面介绍的方法用了联想的方式，对方就会记忆深刻。另外，在自我介绍时，语言应该朴实大方，不能说得太花哨，言不符实。有哪些比较突出的成就，可以说出来证明自己的能力，不要说得太空泛。这样介绍完之后，对方就对你有了一个大概的了解。

为了在自我介绍时能顺畅地表达，你应该在平时就做好准备。把自己的特点、长处等信息总结一下，在头脑储存起来，想象正面对陌生人，进行演练。把话语压缩到三分钟之内，反复练习。

因为自我介绍是让别人了解你的第一道关，在给人的第一印象中占有很重要的地位，所以你应该力争做到最好。除了把应该说什么想好之外，说话时的状态也要把控好。你应该吐字清晰，语速适中，落落大方。假如你在面对陌生人前紧张得语无伦次就会非常糟糕，会极大影响你在对方心中的印象。这种不好的印象一旦生根，就很难消除。

情绪紧张时，可以利用深呼吸来调整状态，也可以轻咳一声，自称镇定一下，甚至可以用力攥一攥手，通过身体的运动缓解压力。身体和精神放松，你就不会那么紧张了。

除了自己的因素之外，也要考虑到对方的因素。在自我介绍时，你得时刻注意对方的反应，别只顾着自己说。若是对方皱起眉头，有沉思或不解的神情，你应该放慢话语的速度，询问对方有什么不明白的地方，进行详细解释。

自我介绍是为了向对方传递自己的信息，所以在自己说好的同时，应该以对方能听懂、能记住为标准。

第四节
7个方法，教你打开陌生人的话匣子

前面提到过，第一印象很重要。面对陌生人时，要微笑，让人感觉“面善”，让对方觉得你是一个容易接触的人，有想跟你往下交流的欲望。

面对陌生人，刚开始的时候，你也许会感到很尴尬，但是通过几个话题迅速的打开彼此的话匣子，就能使气氛不那么尴尬。但要有所区分，比如你得明白你所面对的陌生人，是哪个年龄段的？然后根据年龄段来打开话题，这是非常重要的，因为每个年龄段谈话喜欢的内容都是不一样的。如果你从对方的外表，不能很明确的知道对方的年龄段，也无法判断对方是做什么的情况下，可以从简单的日常聊天开始打开共同话题。

1、谈论一下天气，这个话题是最安全，也是最不招人烦的了。最近几天的天气暖和还是寒冷，然后穿什么样的厚度的衣服比较合适。而且，如果正巧碰到这几天的天气出奇的好，或者是出奇的差，两个人就可以就着这个话题狠狠地赞美，或者是吐槽一番。这也是比较简单的问题，但却能迅速拉近你们的距离。

2、其次可以看看对方是否有孩子，如果是有孩子的话，可以讨论一下彼此孩子的话题，例如什么年龄段的孩子在干一些什么样的事情。互相探讨一下养育孩子的经验。

如果彼此都是男生的话，可以互相讨论一下热爱的运动，比如篮球啊，足球啊，也可以互相讨论一下喜欢的明星，但是注意哦，千万不要说哪个球星不好，万一对方就是喜欢那个球星呢。

如果是女生的话，就可以讨论一下化妆品啊，衣服之类，这样可以迅速的打开彼此的话匣子，使彼此既礼貌而又不失尴尬的开始沟通。

3、聊现在的热门电视剧，正在上映的电影。如果这个陌生人还是一位女性，那么这个话题就更有吸引力，更容易打开对方的话匣子了。你可以先向她展示你自己喜欢的偶像，然后再问一下她有没有喜欢的偶像。如果非常幸运你们两个喜欢上了同一个人，那共同语言就会特别多，你们可以说一下关于这个人的一些节目，还有他的作品，还有你对他的感觉。如果不是同一个人的话，也可以有非常多的共同语言，比如他对于你偶像的看法，你对于她偶像的看法，大家都可以互相交流一下嘛。

如果她没有喜欢的偶像的话，你可以问一下她平时喜欢做什么事情，她有没有别的兴趣爱好。他说的这些兴趣当中，肯定有一个或者是几个是你稍微感点兴趣，或者是有点了解的，那你可以就根据这一点跟他进行深一步的交流。

4、聊当下比较热门的微博话题以及最新的潮流新闻。尤其是那些一次又一次刷新我们三观的话题。你可以问对方是否看过这个新闻，然后再接着问对方对此次事件的看法。这个话题极容易找到共同语言，比如某明星离婚了等。

5、通过攀亲戚、聊老乡拉近彼此距离。亲戚老乡这类较为亲密的关系会给人一种温馨的感觉，使交际双方易于建立信任感。特别是突然得知面前的陌生人与自己有某种关系，更有一种惊喜的感觉。故而，若得知与对方有这类关系，寒暄之后，不妨直接讲出，这样很容易拉近两人的距离，使人一见如故。从人的心理上来讲，每个人的潜意识中都有一种“排他性”，对自己或跟自己有关的事物往往不自觉表现出更多的兴趣和热情；跟自己无关的则有一定的排斥性。因而在交谈中这类关系的点出就使对方意识到两人其实很“近”。这样，无论对方位在你上或你下，都能较好地形成坦诚相谈的气氛，打通初次见面由于生疏造成的心理上的“设防”。

毛泽东同志就常用这种“拉关系”的技巧。建国后接见民主人士时，凡是与他有点亲戚关系的，以及通过师生、故友的关系有些瓜葛的，往往是刚一见着面，没出两三句话，他就爽直地和盘托出其间丝丝缕缕的关系，在“我们是一家子”的爽朗笑声中，气氛亲热了许多，使被接见者倍感亲切。

6、剖析对方的名字来引起对方的兴趣。名字不仅是一种代号，在很大程度上是一个人的象征。初次见面时能说出对方的名字已经不错了，若再对对方的名字进行恰当的剖析，就更上一层楼。譬如一个叫“建领”的朋友，你可以谐音地称道：“高屋建瓴，顺江而下，可攻无不克，战无不胜，这名字意味深远呀！”

或者用一种算命者的口吻剖析其姓名，引出大富大贵、前途无量之类的话，这也未尝不可。总之，适当地围绕对方的姓名来开始交流不失为一种好方法。

7、从对方的外貌谈起。每个人都对自己的相貌或多或少地感兴趣，恰当地从外貌谈起就是一种很不错的交际方式。

有个善于交际的朋友在认识一个不喜言谈的新朋友时，很巧妙地把话题引向这个新朋友的相貌上。“你太像我的一个表兄了，刚才差点把你当作他，你俩都高个头，白净脸，有一种沉稳之气……我真有点分不出你俩了。”“真的？”这个新朋友眼里闪着惊喜的光芒。当然，他们的话匣子都打开了。他把对方和自己表兄并提，无形中就缩短了两人之间的距离，接着在叙说两人相貌时，又巧妙地给对方以很大的赞扬，因而使这个不喜言谈的新朋友也动了心，愿意与其倾心交谈。

如果你事先已经知道了对方是从事什么工作或者有什么兴趣爱好的话就更好说了，可以先询问对方的职业，可以先说说你对这个职业的了解，在这过程中对方会和你说他自己的看法，这样话匣子就打开了。如果两个人在慢慢交谈中发现有共同的兴趣，那大家的话题就自然而然的出现了，聊天就更愉快了。

很多陌生人都是看你的交谈才会决定要不要跟你合作，所以一个人谈话的风格这是从每次跟陌生人交谈中慢慢锻炼出来的。跟陌生人聊天要注意自己的言行举止，不然会导致的陌生人的反感。

想要迅速的和陌生人打开话匣子，无非就是在沟通方面能力不强，正因为沟通能力不强，导致其原因的大概就是不善于沟通。其实很简单，想要和陌生人打开话匣子需要不断的尝试，因为无论是谁都没有第一次的经验，都会胆怯，害羞，心里也许会想“如果别人不理我怎么办”，或者是“他/她会不会觉得我很傻”等问题；其实这些都不是重要的，重要的是自己放宽心，除了各别人，一般情况下都会礼貌的回复他人。

第五节
寻找共同点，激起对方说话欲望

卡耐基曾表示：“所谓沟通，就是通沟，填充两个人之间交流障碍。每个人都有他独特的地方，而与人交际则要求他与别人一致。”火车上聊天、新认识一个朋友、新来一个同事……面对这些新鲜的人际关系，最重要的就是能够尽快的找到双方的共同点。如果能够和他产生一种似曾相识的感觉，对方会感觉到无比的开心，也就是我们再与陌生人见面的时候，要学会寻找共同点。在开场中要寻找和对方的交集，拉近双方的关系。你们的共同点越多，“自己人”的感觉就会越强烈，沟通就越容易进行下去。寻找到共同点可以让彼此一见如故，相见恨晚；而找不到共同点，又能导致四目相对，局促无言。

那么，在沟通时，怎样才能找到自己同初次见面的人之间的共同点呢?

1. 从外在的，看得见的一些因素找

你很容易发现这方面的共同点。比如，对方的衣服、发型、

身材等看得到的共同的特征，都可以作为共同谈论的话题。如双方都戴着眼镜，可以先聊聊近视的问题；双方都穿同一品牌服装，就可以找品牌认同话题；又比如你们都喜欢用华为手机，可以聊聊对华为公司的喜爱等等。

2. 从内在的，不能看出来，只能从沟通中发现的因素

比如，双方共同的兴趣、爱好、学历、阅历、经验、气质、风度等等都是聊天的最好话题。比如通过交谈，你发现对方爱好文学，对中国古典文化特别推崇，你正好也是一个古典派，就可以在这方面寻找共同点。再比如你们都去黄山旅游过，那就聊聊黄山。共同的话题，双方会越聊越亲、越聊越过瘾。

3. 相关的相似点

共同点其实还包括相关相似点，你根本不必和对方完全相同，只要相似就能有共同话题。比如你们都有一个调皮捣蛋的儿子，就可以谈谈和儿子之间的趣事。如果发现双方是老乡，哪怕你只是曾经在对方所居住的城市工作过或上过学，那我相信最不会讲话的人也可以马上和对方热络起来。实际上，你们的孩子、家庭、所在的城市等等，这些都可以成为你们相关的话题。

其实，共同的话题真的很多，需要你去发现。只要能找到和对方的共同点，寻找话题根本不是什么难事。你在沟通中，一定要仔细留心他言语间透露出的信息，把握住你们之间的共同点。其实，真正的沟通其实是从观察、提问、互动开始的。

但是，要想挖掘出双方共同的话题，还要做到如下几点开始：

第一，要学会察颜观色

一个人的心理状态、精神追求、生活爱好等等，都或多或少的体现在他们的表情、服饰、谈吐、举止等方面，只要你善于观察，就会发现共同点。所谓：世事洞明皆学问，人情练达即文章！

两个陌生人为了打破沉默的局面，开口讲话是首要的，有人以招呼开场，询问对方籍贯、身份，从中获取信息；有人通过听对方说话的口音、言辞，侦察对方情况；有的以动作开场，边帮对方做某些急需帮助的事，边以话试探；有的甚至借火吸烟，也可以发现对方特点。所以细心观察，处处留心，你会变成一位沟通高手！

在火车上，一名中文老师见到对面座位上一个年轻人正在看一本世界名著，于是主动与他交谈：“你是学什么专业的呀？”对方回答“我是学中文的。”“哎呀，咱们是学同一个专业的，我也是学中文的，你们上学时学的什么版本……”

由于这位中文老师仔细观察，寻找到共同点便打开了交谈的思路。这就是在观察对方以后，发现都是学中文的这个共同点的。当然，通过察颜观色发现话题，还要同自己的情趣爱好相结合，自己对此也要有兴趣，才有可能打破沉寂的气氛。否则，即使发现了共同点，也还会无话可讲，或讲一两句就“卡壳”了。

第二，要学会以话试探

只有问问题，才能了解对方的情况；只有问问题，才能解决问题。

火车上有一个人对旁边的人说："师傅来了好久了？"

"也是刚到一会儿啊。"

"听口音不是苏北人啊？"

"噢，山东枣庄人！"

"啊，枣庄是个好地方啊！我在读小学时就在《铁道游击队》连环画上知道了。三年前去了一趟枣庄，还颇有兴致地玩了一遭呢。"

听了这话，那位枣庄客人马上来了兴趣，两人从枣庄和铁道游击队谈开了，那亲热，不知底细的人恐怕要以为他们是一道来的呢。

第三，听人介绍，猜共同点

这当中重要的是在听介绍时要仔细地分析对方，发现共同点后再在交谈中延伸，不断地发现新的共同关心的话题。

一位县物价局的股长和一位"县中学"的教师，在朋友家见面了，主人把这对陌生人分别做了介绍，他们发现都是主人的同学这个共同点，马上就围绕"同学"这个突破口进行交谈，相互认识和了解了，以至变得亲热起来。这当中重要的是在听介绍时要仔细地分析、认识对方，发现共同点后再在交谈中延伸，不断地发现新的共同关心的话题。

第四，揣摩谈话，探索共同点

为了发现陌生人同自己的共同点，可以在需要交际的人同别人谈话时留心分析、揣摩，也可以在对方和自己交谈时揣摩对方的话语，从中发现共同点。

在公共汽车上，小张不慎踩到了旁边一位老者的脚，她忙道歉说："对不起，对不起"，老先生听她的口音，笑着说："你是哈尔滨人吧！"小张奇怪地点点头，老先生忙说："我曾经在那里工作了三年，那是十年前的事了，现在哈尔滨变化挺大吧！"这样一路下来，小张同老先生聊的很投机。后来才得知，老先生就是小张上学时所在学校的老教授，后来小张还多次拜访过老先生，有很大的受益。可见通过细心揣摩对方的谈话，可以找出双方的共同点，使陌生的路人变为熟人，进而发展成为朋友。

第五，找不到共同点，寻找相似点

比如，对方来自安徽的，你就说"我去过黄山"或者说"我对黄山很神往。"另外，我们经常会听到这样的话"你看起来很像我的舅舅""你看起来很像我小学时候的老师"，这些话其实都是在寻找相似点。

第六，通过"模仿"来创造共同点

推销之神原一平是这方面的高手。当他锁定一位大客户时，他会花很长时间先跟踪对方。

他会跟踪对方，了解对方开什么车，去哪里运动，去哪里买菜，佣人去哪里接他，去哪边玩等等。他跟踪了一个礼拜以后，他对顾客的资料背景胸有成竹了。

然后，他就开始模仿创造对方。他了解到某天下午3点，顾客会去某健身俱乐部健身，于是他就先跑到健身俱乐部去，在健身俱乐部穿得跟老板一模一样的运动服，梳一样的发型，在那边跑步。跑到一半的时候，老板突然来了，对方会大吃一惊：这个人怎么穿得跟我一模一样?

于是原一平也装着很好奇地也看着对方，对方自然也很好奇地也看着原一平，两个人打完招呼就互相聊天。跑步跑累了，他们就去打网球，当原一平把网球拍拿出来时，老板一看，你怎么连用的网球拍都跟我一模一样？连打网球的动作跟姿势都一模一样。最后打完网球了他们两个人去游泳，到了男更衣室原一平泳裤一套上，老板一看吓一跳，你怎么连穿的泳裤都跟我一模一样？原一平就说：真是太巧合，我们太有缘了。

这样一起下来，老板自然很喜欢原一平，说你干脆来我家吃个饭吧。原一平说不了，改天你来我家吃饭，我们就约星期天，你说好不好？老板觉得原一平跟情同手足多年未见面的兄弟一样，所以决定去原一平家里。

原一平本来没有奔驰汽车的，但他为了要配合老板，他去租了一台对方开的同样的奔驰汽车摆在门口。老板车开到门口，原一平一看：“你连开的汽车都跟我一模一样，不可思议，太像了。”

到了餐厅，原一平开始上菜，老板一看：“这一桌菜怎么都是我喜欢吃的？”

原一平说：“我不知道你喜欢吃这些，纯粹是我个人喜欢吃的，这是巧合。”

老板一听：“怎么这么巧，你到底是做什么的？”

原一平说：“我在明治保险公司做销售保险的工作。我有很多老板朋友，他是某某公司社长，某某公司董事长，都跟我买保险。我为他们规划了很多理财性的保单，我自己也买了两份。”

老板一听，说道：“你怎么不早说？我正要买保险呢。认识你太有意思了！”

结果，原一平还没推销，对方已经迫不及待地要签单了。这就是创造共同点的神奇效果。

第七，步步深入，挖掘共同点

发现共同点是不太难的，这只是谈话的初级阶段所需要的。随着交谈内容的深入，共同点会越来越多。为了使交谈更有益于对方，必须一步步地挖掘深层次的共同点，才能如愿以偿。

寻找共同点的方法还有很多，譬如面临的共同的生活环境，共同的工作任务，共同的行路方向，共同的生活习惯等等。只要仔细发现，陌生人无话可讲的局面是不难打破的。

如果你发现有谁和你有相同的兴趣爱好或是其他一些特征，我相信你内心肯定会自发地生出欢喜心——因为每个人都喜欢他自己!

所以，寻找共同点是陌生沟通中的黄金法则。发现共同点并不是太难的，常言道：动之以情，晓之以理，情不通则理不达。因此，从某种意义上来说，以情为先是进入对方内心世界、产生亲和力的重要方式。当然这只能是谈话的初级阶段，随着交谈内容的深入，共同点会越来越多。为了使交谈更顺畅，必须一步步地挖掘深一层的共同点，这样双方才能“心有灵犀，一点就通”！

第六节 把别人的事当作自己的事

梁启超说："这个社会尊重那些为它尽到责任的人。"同样的道理，你将别人的事当做自己的事一样尽责，也会赢得他人的赞赏和尊重。交际中，我们也应该有这样的理念：将别人的事看成自己的事，尽最大努力完成。

在整个17世纪，荷兰是世界上最强大的海上霸主。荷兰人称霸世界的秘笈除了先进的技术之外，他们的航运公司还有一个理念：客户的货物一旦交付给我们，我们就将其当做自己的货物一样对待。1595年，荷兰航运公司前往俄罗斯的两条商船不幸被困，17名荷兰水手在北极圈中度过了6个月的漫长冬季。他们拆掉了船只的甲板做燃料，靠打猎来取得生存的食物。由于条件恶劣，其中有8个人因饥寒离开人世。在这样险恶的环境中，荷兰人却做了一件令人难以置信的事情，他们精心照顾好了别人委托他们运输的货物，这些货物中包括可以挽救他们生命的衣物和药品。当他们返回，将货物完好无损地交还到委托人手中。荷兰船员忠人之事重于生命的故事在欧洲大地广为传颂，从而赢得了海运贸易的世界市场。

将别人的货物看成是自己的，这是荷兰航运公司的成功之道。因为只有这样，才能将其看得比自己的生命更重要，才会尽心尽力去完成。

犹太人被迫离开栖身之处，历经杀戮、驱逐、侮辱，四处流浪。犹太人之所以能在生活的恶风险浪中幸存，并且更加繁荣兴盛，这与他们的乐于助人的观念是分不开的。可以说这种观念是是犹太人生存的一个重要的法宝。犹太民族助人助己的观念是根深蒂固的。他们认为，提供帮助是“富人的责任”，获得帮助是“穷人的权利”。在长期流亡的艰苦岁月中，犹太富人往往自觉地替穷人掏腰包，接济贫穷在犹太人中成为一种社会习惯。哪怕是家无三餐的穷苦犹太人，也都保存着一个攒钱的小盒子，准备施舍给比他们更穷的人家。

犹太社团里必定会有慈善机构，这些慈善机构都是靠着富裕的犹太人的捐助来维持的。在每周不同的日子里，穷苦的犹太学生分别到不同的犹太人家庭中去吃饭，以便使得这些学生能够安心读书。

犹太人认为助人即助己，自私自利是互助的最大障碍。在新的移民社区中，犹太人虽然没有严密的组织，但是，在很多地方，犹太人自行做出两条不成文的规定：每周聚会一次，或集体做礼拜或开研讨会、观看电影、欣赏音乐等；在住宅的选择上，也尽可能集中居住在一起，发生意外时，相互援助。这种集体特色也体现着助人助己观念，犹太人也正是利用这一观念，获取生存的机会。

从“星光大道”走出来的歌手刘大成，说起自己学习唱歌的事情，总要提起肖文同这个名字。当年肖文同已经从职业中专毕业，而学弟刘大成依然在读。两人都喜欢唱歌。肖文同在外边报了个学习班学习唱歌。刘大成也想报，可是交不起学费。肖文同的学费也是借的，他想帮刘大成，可是没有钱。看到刘大成的失落，肖文同借了50块钱买了一个二手录音机。他上课时将老师教的录下来，下课后拿给刘大成听。两人一起练习。他从没有让刘大成落下一堂课。提及此事，肖文同说：“当时我就想，如果是我没钱去学习唱歌，心里肯定很痛苦，我就把大成看成自己，说什么也得让他能学习。所以才借钱去买录音机。”

肖文同理解同样热爱唱歌的刘大成的心情，想到如果是自己，也一定很痛苦，就把刘大成的事当成自己的事去解决。白居易说：“病人之病，忧人之忧。”面对朋友的困难，有的人觉得有心无力，爱莫能助。或许自己真不具备帮助的条件，只能表示无奈。却很少有人像肖文同一样把别人的事看成自己的事，尽心尽力去帮。为刘大成的梦想加一把火，更成就了一段患难见真情的友谊佳话。

在美国宾夕法尼亚州的山村里，有一位出身卑微的马夫。他小时候生活非常贫苦，只受过短时期的学校教育。后来他去了卡耐基的钢铁公司上班。有一次，卡耐基让他去一家原料供应商那里验货。他发现有以次充好的原料，当即要求更换。供应商私下求情说：“不合格的原料仅仅只是一小部分，影响微乎其微。只要你肯点头，我愿意给你些折扣。并保证下不为例。”面对金钱的诱惑，他没有丝毫动摇：“如果公司不是卡耐基先生的，而是您的，您能允许以次充好吗？”供应商低头不语。他继续说：“我想，您不会。我也不会。卡耐基先生让我来验货是相信我，我怎能辜负他，我是代表他来检验，他会怎么做我就怎么做。”供应商只好打消以次充好的念头。这个坚持原则的人叫查理·斯瓦布，不久便被卡耐基重用，升任总工程师。

卡耐基会怎么做，我也会怎么做。这样的换位思考是一种忠诚，这样的忠诚其实是将别人托付自己的事当成自己的事情去尽职尽责。塞内加说：“忠诚是人们心目中最神圣的美德。”身为一名员工，能将单位的每一件事都看成自己的事，将老板的事情看成自己的事情，和单位的利益捆绑在一起，荣辱相连，才会尽心尽职地做好每一件事情。在关键时刻，这种忠诚会显现出它更大的价值。你的忠诚也会让你达到我们想象不到的高度。

一个好的公司，是所有员工都把工作当成自己的事来做的公司。不好的公司，是所有员工都把工作当成别人的事来做的公司。为了成为好的公司，领导者必须让团队成员自己思考工作。而且，工作中还要尽可能地听取成员的意见，这也非常重要。如果成员的想法从根本上就是错的，那当然不能采纳。这时候必须清楚地告诉他那是错的。但是如果成员的想法并没有错，也是一种正确的思路，成员的方案也可行，领导者的方案也可行。在这种情况下，如果领导者的方案只是稍微好一点的话，那还是应该让成员按自己的方案去做。如果领导者总是抱着“这个事就得这么做”，或者“我的方案比你的好”这样的思想，一味地要求成员全部按照你的想法去做事的话，成员的工作热情就会降低。

有句老话：老吾老以及人之老，幼吾幼以及人之幼。对于别人的事，先问自己一句，如果这是我自己的事，我会怎么办？将别人的事情看成自己的事情，不因有困难便退却，不因需要付出辛劳而放弃。这是一种高尚的情怀。具备这种情怀的人会得道多助，在帮助别人、对得起别人的同时，为自己的事业和人生打下良好的基础，创造可贵的条件。

第九章 练就职场高情商沟通力

第一节
学会“哭”来资源与机会

人在婴儿时期，哭是表达自己思想情感的唯一方式，他们哭一般不是饿了，就是哪里不舒服。妈妈听到孩子哭了，第一反应就是给他们喂奶。以前一个家庭生的孩子多，特别是条件差一点的家庭，五个手指伸出来还不齐呢，父母一看，哪个哭得最响那就表示谁最饿了，就会下意识地给这个娃吃东西。这就叫做会哭的孩子有奶吃。引申一下就是说，人要会善于或者敢于表达自己的愿望，别人才会给予。

虽然我们每个人都明白“会哭的孩子有奶吃”，但很多人天生“不会哭”，不喜欢这一套。只好一边安慰自己，“酒香不怕巷子深”，相信努力工作领导一定看得见，自己才不屑去“哭”。一边眼睁睁的看着“会哭的孩子”获得更多的关注与机会。

摩根士丹利调查发现，不随和的员工比容易相处的员工年薪高18%。其中，对于不随和的女员工，其平均年薪比好相处的女员工高5%。研究人员分析，随和的人更容易为集体利益做出牺性，而“刺头”更倾向于守住自己的利益。

美国康奈尔大学的一项调查：职场存在脾气收入论，容易相处的员工，薪酬明显低于脾气不太好的员工。在职场上，当你天真地以为你的忍让和包容会令你的同事或者上司感激不尽时，其实，他们也许压根没意识到。

那么，我们要如何看待“会哭”这个问题呢？是否在职场中，必须要学会“哭”？是不是会哭的孩子就有奶吃呢？有哪些需要注意的方面呢？

有一对双胞胎兄弟，哥哥学习很好，弟弟学习一般。他们的爸爸很不幸，得了重病。为了给爸爸看病，他们家几乎倾家荡产。

能供哥俩一起上学的钱少得可怜了，所以要有一个人与大学无缘，必须得提前工作挣钱养家。按理说，哥哥学习好，大学应该让给哥哥来上。可哥哥偏偏不是那个会哭的孩子。

他很懂事，每天放学后，为了减轻妈妈的负担，洗衣做饭样样都尽量承担，寒暑假还出去打工挣钱。而弟弟则似乎完全事不关己，放学后到处跑去玩耍，该伸手要钱的时候也未见迟疑。于是，妈妈觉得哥哥更适合赚钱养家，上大学的那一个变成了弟弟。若干年后，哥哥还在村里种地靠天吃饭，而弟弟已经在城里买了房。

这对双胞胎的事情告诉我们：无论生活还是工作都不要太懂事，适时的“不懂事”反而会得到更多。

会“哭”证明你会去表达你的现状，因而得到领导的重视。

无论在什么样的企业、公司，哪怕是一个小部门，资源都是有限的，所以人员之间不可避免地存在竞争关系。而这个时候，会哭的员工或是说那些善于表达自己的员工更有可能获得更多机会。

大家不要看不起那些善于表达的人，表达的过程，其实是让你把现有状况和目前想法做一个系统的总结过程。会哭，通过一个合适的渠道宣泄出来。这种总结会让领导理解和明白，“现在你在哪些方面遇到了问题，我可以进行怎样的帮助。”所以，会哭的员工会得到更多的关注，能够获得大家更多的指导和帮助。

很多人认为，在职场中只要我把我的本职工作做好了，领导就应该关注到我，就应该表扬我，就应该给我配备充足的资源，虽然我什么也没说。这只是你认为而已。领导并没有那么多的精力去一个个了解员工需要什么支持和资源，因为执行者是你，所以你更加清楚自己需要什么。

当工作中遇到阻碍时，善于表达的员工能够在表达的过程中梳理现有的问题，并且以更有逻辑更有效的方式传达给他人，第一时间获得他人的关注与支持，晋升和发展的机会也会更大。所以会哭是门重要的技能，也是非常重要的手段。

但在工作中要学会“哭”，不是说我们随时随地，任何情况下，只要在工作中遇到困难，就要“哭闹”呢？恐怕不能。

在一个学校里，一位年轻的教师，她因平日里喜欢哭诉自己教学工作的困难，处理学生问题的辛苦，日常压力之大，刚开始得到不少同事帮忙，告诉她该如何去做。校长也念在她是新老师，帮其减轻工作，但不想减轻工作所得来的时间，她并未用来提升自己的能力，以便日后自己可以独当一面，处理各种教学工作和学生问题。

久而久之，同事不太愿搭理她，毕竟大家都很忙。最终有一天，她受到了家长的投诉。当今社会，学校方面非常紧张有家长投诉，找她处理此事，其实不会处理非常正常，多问问校长多寻求其他人帮助。而对于这位投诉的家长，你先了解情况，再安抚，最后好好解释嘛？她并不是先回复这位家长亲自发来的邮件，而是直接打电话过去质问，人家抛出稍微专业的问题，又答不出来，所以事情就这么变大了。当她再哭诉时，已无人愿意帮她，毕竟她已提前预支了别人对她的善意和理解。

这件事情给我带来了一些思考，在职场上，真的是会哭的孩子才有奶吃？在职场上，会哭是一种非常重要的能力。

是不是会哭就一定有奶吃呢？这可不一定。

第一，你遇到一个什么样的“妈”？如果你在一个初创公司的创业阶段，刚刚起步，正在投入阶段，还不具备造血功能，可想各种资源都十分紧张，你这个时候哭着闹着要资源，除了没用就是给这个“妈”添乱。你想想：这个妈都没有奶，你哭也是无济于事的。

第二，“哭“要学会看场合。我们在坐地铁坐飞机看电影时，如果周围有小孩子一直在哭个不停，相信你一定会觉得很烦。也许他是真的饿了，真的不舒服，但他的哭闹已经在无形中对周围人造成了干扰。在这样的情况下，就算能够可以立即获得奶吃，获得安抚，但依然带来很多负面影响。所以并不是所有的事情都要通过哭这一条途径来解决的，我们需要通过自身努力去寻找解决问题的办法。在工作中如果不看场合地时常哭闹，周围的人会对你表示反感，认为你除了会哭，其他什么也不会，“既然他要哭，那就哭去吧”，没有人会再重视你的“哭”。

会“哭”是一项重要的能力，是一种高情商的表现，但不代表你可以滥用，用好它，锦上添花；用不好，你便是孤家寡人，没人喜欢和你共处。所以没事的时候，还是多修炼修炼自己的内功，也就是处理问题的能力，能力提升了，你再适时的哭一哭，说不定“好机会”就来了！

第二节
好领导，总是表扬你

表扬的力量有多大？俗话说得好：“良言一句三冬暖，恶言一声暑天寒。”看来，无论是大人还是孩子都喜欢受到表扬和鼓励。表扬就是鼓励下属工作积极性的一种翻倍方法。在企业里，领导对员工的一个鼓励，就像一缕春风，滋润着每一位员工的心田，又像一座桥梁，拉近了领导与员工的距离，从而激发员工的工作热情，促进工作顺利完成。

每个人都想引起别人的注意，不管他愿意承认还是不愿意承认。他想有人听他的话，他心中有燃烧着的欲望，甚至可以说是一种永远无法满足的渴望，那就是希望被人们看重，被人们承认，被人们欣赏、羡慕。总而言之，每个人都想成为一个人物。

当你与下属打交道的时候，你应牢记下面几点：

1. 每个人都需要某种程度的被注意、被欣赏和被承认；

2. 每个人都是对自己比对别人更感兴趣；

3. 每个人都感觉他是一切事物的中心，世界要绕着他旋转；

4. 你遇到的每个人都希望被人们看重和被高度评论；

5. 每个人都在不同程度上被别人需要，他希望在工作中、在家庭中，或在俱乐部里，都有被人认为是不可缺少的感觉，他希望感到别人没有他就不行；

6. 每个人都会不惜一切代价地争取他所迫切需要的感人关注和被人承认，只有这样，他才会感到自己更为重要。

表扬的方式很多，在每天的工作中，一句赞赏的话语，一束期待的目光，一个温暖的言行会激发员工的上进心，改变一个员工对工作的态度。在鼓励的作用下，员工看到了自己的潜力，增加了自信，有了前进的动力，很快就能成为工作中的成功者。

1. 不断认可

杰克·韦奇说："我的经营理念是要让每个人都能感觉到自己的贡献，这种贡献看得见，摸得着，还能数得清。"当员工完成了某项工作时，最需要得到的是上司对其工作的肯定。上司的认可就是对其工作成绩的最大肯定。

企管顾问史密斯指出，员工再小的好表现，若能得到认可，都能产生激励的作用。拍拍员工的肩膀、写张简短的感谢纸条，这类非正式的小小表彰，比公司一年一度召开盛大的模范员工表扬大会，效果可能更好。

有一个员工出色地完成任务，兴高采烈地对主管说："我有一个好消息，我跟了两个月的那个客户今天终于同意签约了，而且订单金额会比我们预期的多20%，这将是我们这个季度价值最大的订单。”但是这位主管对那名员工的优秀业绩的反应却很冷淡，“是吗？你今天上班怎么迟到了？”员工说：“二环路上堵车了。”此时主管严厉地说：“迟到还找理由，都像你这样公司的业务还怎么做！”员工垂头丧气的回答：“那我今后注意。”一脸沮丧的员工有气无力地离开了主管的办公室。

可以看出，该员工寻求主管激励时，不仅没有得到主管的任何表扬，反而因该员工偶尔迟到之事，就主观、武断地严加训斥这名本该受到表扬的职工。结果致使这名员工的积极情绪受到了很大的挫伤，没有获得肯定和认可的心理需求满足。

2. 真诚赞美

这是认可员工的一种形式。我们的经理人大都吝于称赞员工做得如何。其实，称赞员工并不复杂，根本无需考虑时间与地点的问题，随处随时都可以称赞员工。任何可能之时都可以给予一句话的称赞，就可达成意想不到的激励效果。当成绩在员工们头脑中还很新奇的时候，表扬员工会起到非常奇特的效果，畅销书《奖励员工的一千零一种方法》的作者鲍勃。纳尔逊说：“在恰当的时间从恰当的人口中道出一声真诚的谢意，对员工而言比加薪、正式奖励或众多的资格证书及勋章更有意义。这样的奖赏之所以有力，部分是因为经理人在第一时间注意到相关员工取得了成就，并及时地亲自表示嘉奖。”

著名管理顾问尼尔森认为，为顺应未来趋势，企业经营者应立即根据企业自身的条件、目标与需求，设计出一套低成本的

“肯定员工计划”，他的看法是，员工在完成一项杰出的工作后，最需要的往往是来自上司的感谢，而非只是调薪，尼尔森特别强调，赞美员工需符合“即时”的原则。管理者应能做到在每天结束前，花短短几分钟写个便条纸对表现好的员工表示称赞；透过走动式管理的方式看看员工，及时鼓励员工；抽空与员工吃个午餐、喝杯咖啡；公开表扬、私下指责等，管理者只要多花一些心力，员工就能受到莫大的鼓舞，使工作成效大幅提升。

赞赏员工也体现了领导的个人修养，树立领导在员工心目中的可亲可敬形象，领导的管理能力不在于作指示、下命令，而在于如何激励、唤醒、鼓舞员工为既定的工作目标去奋斗。这也是领导实现以人为本的有效途径之一。

肯定员工并不是说对员工的错误视而不见，譬如员工做某事方法欠妥，那么就不要侧重批评他所犯的错误，而应该在肯定他工作的同时，明确指出他的不足。在肯定的基础上对员工提出批评，员工往往更容易接受。

由此看来，一个人的成长、成功离不开表扬，表扬能够使人扬起生活的风帆，创造生命的奇迹，并在表扬中享受成功的喜悦。表扬他人既是处世的艺术，又是做人的美德，被表扬的人心怀感激，正好是对表扬者的最好回报。

第三节 不得罪人，也不能成为“老好人”

明代小说家冯梦龙在《古今谈概》中写了这样一则小故事：东汉末年的司马徽是个出名的“好好先生”，他不谈论别人的不是，好事坏事一概说好。有人问候他，他回答“好”，有人向他诉说家人去世，他也说“很好”，当有人责备他不应该这样时，他还是说：“像你这样的意见，也很好！”

这则故事寥寥数语便入木三分地勾勒出一个毫无原则、圆滑世故的老好人形象来。故事风趣幽默且发人深省，让人捧腹之余而又能有所感悟。

我们身边是不是也有这样不愿得罪人的老好人呢？回答是肯定的。这种人遇事怕得罪人，不能旗帜鲜明地坚持原则，惯于“人好我好大家好”的“和稀泥”。

老好人多具有乐于助人、心思简单善良、可爱、温和、为他人着想等“品质”，真的是暖萌暖萌的一种人，老好人是个好物种，是这个乱七八糟世界上很正能量的一种人。

老好人既然不是坏人为什么要加个“老”，人们这样区分自然是有缘由的。

老好人为他人着想是毋庸置疑的，但是自己受委屈也是常见。更多的时候他们也是及其不情愿的，至于为什么走上老好人这条路的迷障他们也是不知道的。希望你好、我好、大家好，一团和气、世界和平，这是老好人普遍的意愿吧，他们甘心为此出点拙力，往往却是一回回落得自我难堪。

举个例子吧，老好人丙把甲对乙的恶言恶语改成甲对乙的些许建议，向乙对甲的怒火稍稍淋雨，为了缓和气氛稍稍撒些许慌，双方战火在老好人的调和下得到缓和。甲乙难免再次碰面，你言我语提及前事发现情况不似丙所提及的云淡风轻，于是双方战火再度攀升，怒目之下战火矛头便瞄准了这个倒霉的老好人。

老好人看似人兽无害，童叟无欺，但是也会造成不温不火的局面，有时候人们对其的愤怒怨火远比对坏人来得干脆直接。老好人用和稀泥的态度一味的牺牲自己成全别人，等于自己给自己下套，当局面不能两全往往使自己陷入困境。后果就是：自己无限后悔，心中怨恨他人。

一位员工上班经常迟到，做事也不认真，经常出现不该出现的错误。开始时部门经理经常给这个人暗示，希望他能够改正，但一直没有什么作用。老板看到这个情况后提醒部门经理，说你应该找他认真谈谈，也许要给他一次严厉的批评，实在不行了，你就换个人吧。部门经理按老板的指示找他谈话。但真正到了谈话的时候，经理绕来绕去就是无法说出批评的话，因为他不愿意“伤害人”。

时间久了，大家对这个人做的事情就习以为常，视而不见了。但他要完成的工作还得有人做，不得已部门经理就自己承担起来，做了越来越多本来该这个员工做的事情。部门经理后来实在受不了了，就要求公司加人。公司为这个部门加了人，但新来的员工看到前面的“榜样”，也不认真工作。虽然连续加了几个人，这个部门的工作并没有起色，而部门经理也比原来更累了。除了他要兼做本来该这些员工做的事情，还要管这些越来越难管的人。是他的“老好人心态”让他无法做一个经理应该做和必须做的一件事情，那就是冒着得罪人的风险，去指出员工的错误，批评员工不合理的行为，甚至在对方不改变的情况下，辞退这个员工。

我们比较容易看清的是老好人对公司的不负责任。容忍一个经常违背公司制度和不做事的员工会极大地伤害公司，这不仅是因为有人拿了工资不做事，更可怕的是这样的人会破坏整个公司的工作氛围和做事的文化，就像俗话说的“一颗老鼠屎坏一锅汤”。

不太容易看清楚的是，老好人心态肯定导致对下面员工的不负责任。好的管理者像园丁，这包括施肥，浇水，关心，爱护，但也包括必要的时候“修剪”自己的下属。一个只想当老好人的经理不能帮助下属成长，因为他不愿指出和制止一个人的错误，而这是一个人成长的必要条件，就像俗话说的“严师出高徒”。从这个角度看，从来不批评员工的经理不会是好经理。合理地批评人，其实是在帮助人，是真正的好人要做的事情。

而最不容易看清的是，老好人心态其实是对自己不负责任的心态。老好人虽然维护了和别人表面的和谐，但实质上无法掩盖部门工作效率不高，员工没有进步的事实，最终不仅让自己过得很辛苦，同时也得不到公司的重视和员工的认可，最终自己的感受就像俗话说的“好心不得好报”。

每位管理人员应该清醒地意识到一个简单的道理：作为管理者，要勇于承担责任，做“老好人”就是推卸责任，一个没有责任感的管理者不是合格的管理者，不愿意肩负小责任，就没有机会肩负大责任，在职业场上迟早会被淘汰。

李家有姐妹二人，已经全都出嫁，各家有各家的生活。李姐因为在家排行老大，曾经一度是“老好人”。有一次，李妹找李姐帮忙，李姐二话没说，尽管帮这个忙费了他很大的功夫解决了不算太小的困难才完成，开始李妹对李姐感谢完又感谢，内心极为满意；第二次，李妹又寻求帮助，不出所料李姐又帮了她。之后，第三次，第……都毫无意外进行义务帮助，当妹妹的似乎觉得帮忙成理所当然的了，最后连声谢意都没有了。多次的帮忙后，终于因为某些不得已的原因拒绝了妹妹的请求，此时妹妹被激起的愤怒感与失望感胜于从前的种种，之前为妹妹做的所有事情，似乎都在拒绝妹妹的那一刻起，变得毫无意义，她开始向其整个大家庭里的亲人和朋友数落姐姐的不是。作为亲姐妹帮点小忙都不愿意，亲姐妹还不如谁谁谁，姐姐诉说无门只能自己默默承受，最后姐妹俩算闹掰了。

笔者生活中因为老好人的形象也多次被人“被需要”，呼之即来，挥之即去。有时一度成为“中央空调”，软弱成了我们这一类人的共同致命弱点，由于内心软弱、态度软弱，拒绝的不够果断接受了不该接受的，进而自我折磨，内心自我纠结拉扯。能力之外的事情被揽进手里，搞砸了一件又一件，致使自己捶胸顿足，耽误、误导了他人，最终害人害己相互唏嘘。

生活是美好的，每个人都是善良的。我们应该做好人，不应该做老好人。好人会真正地负起责任，不怕得罪人，这样才能帮助自己的公司，帮助自己的员工，最后真正地帮助自己。老好人会用表面的一团和气害了自己的公司，害了自己的员工，最后是害了自己。

第四节
建立融洽的同事关系

在职场上打拼，平时接触最多的人就是身边的同事。同在一个单位，或者就在一个办公室，与同事相处得如何，直接关系到自己的工作、事业的进步与发展是否顺畅。搞好同事间的关系就非常重要。倘若与同事之间关系融洽和谐，心情就舒畅，工作有干劲，更有利于顺利做好工作，从而促进职业生涯发展规划，也有利于自己的身心健康。

相反，如果在职场上遇事推诿扯皮，甚至有点紧张，相互拆台，今天你攻击我，明天我逮着机会往死里整你，摩擦不断，矛盾不断，这就会影响正常的工作和生活，阻碍事业的正常发展，上班都比上坟还难受，那就没滋没味了。

那么，如何处理好同事关系，构建和谐的人际关系呢？

1. 相互尊重

我们都希望生活在一个互相尊重的氛围里，人与人之间相互尊重是处理好任何一种人际关系的基础，同事关系也不例外。这个无论是对于上下级，还是普通的员工，彼此的尊重非常重要，平等地沟通，才会让你有合作的可能。

同事关系不同于亲友关系，它不是以亲情为纽带的社会关系，亲友之间一时的失礼，可以用亲情来弥补，而同事之间的关系是以工作为纽带的，一旦失礼，创伤难以愈合。礼貌地对待身边的任何一个人，真诚地表达自己的谢意，你或许不在意自己的礼貌用语，但不代表别人也不在意。尤其是当你的工作环境是处在一个多样的文化环境的时候，你不知道别人是否是有信仰还是禁忌，尊重别人的信仰、饮食、宗教、习惯就变得特别重要了。

2. 彼此支援

在职场里，热心助人的人都会受到别人的赞赏。体贴周到的去照顾你的同事，或许你认为，这是不值得的，尤其是当你短时间内无法收到回报的时候。奉献自己的热心并不代表着你去争取更多的可以获得回报的机会，需要的是调整自己的心态，点滴之间，你的人际关系也就慢慢地好了起来。

谁都会遇到困难，无论是家里的困难还是工作上的困难，每个人都有不愉快的时候，尝试性地站在彼此的立场去考虑问题，为他人着想，身为同事，就要主动的关心，主动问讯，不单纯地计较自己的得失，彼此支持，该提供援助的时候，好不吝啬地伸出你的手，对力所能及的事应尽力帮忙，这样，会增进双方之间的感情，使关系更加融洽。

某个办公室里，有一位负责资料管理的大姐，她的公公因病住院，虽然她家里不缺钱，但是久病之下，就算是开银行的，也能给掏空了。

有那么一段时间，这位大姐有时候还偷偷的抹眼泪，恰好被办公室主任瞧见，询问之下，才知家里遇到经济困难，便动员大家帮忙。

在这件事情之前，单位另一位大姐跟这位大姐关系不融洽，总是磕磕绊绊的，经过这件事情之后，两人关系逐步变好。

3. 公平竞争

竞争，无处不在。尤其是在职场，一个好的职位，一个好的项目，很多人都会打的不可开交，甚至可能会为了一些待遇而采取一些非常卑劣的手段去，电视剧里的尔虞我诈我们见到的不少。实际上，信任别人，凸显却是你的心态的良好程度和心胸的宽广情况。一个人越是猜忌，心胸也就越小，就越没朋友，没有朋友，你做事情也就越难，做事越难你也就越想猜忌，这就是一个负面的循环圈。

公平的竞争环境对于大家而言，都是可以接受的，更可以让大家敞开心扉去施展自己的才华，挑战自己的目标，成就自己的梦想。

4. 减少物质来往

同事之间，最好不要有金钱或者物品之间的往来，谈什么也不要谈钱，就算有，一定要一清二楚。

如果同事之间确有需要有物质上的往来，切忌马虎，每一项都应记得清楚明白，即使是小的款项，也应记在备忘录上，以提醒自己及时归还，以免遗忘，引起误会。

在物质利益方面无论是有意或者无意地占对方的便宜，都会在对方的心理上引起不快，从而降低自己在对方心目中的人格。

5. 避免散布负面传闻

有时，同事之间聊到抱怨上级等话题，可以强化彼此之间的关系，但如果不分场合散布负面传闻，容易失去别人的信任。听到负面八卦时，不要跟着附和或添油加醋，要感谢对方信任自己，告诉自己这些事，如果情况允许的话，可以想办法协助解决对方的困扰。

6. 不说可以说的私事

有些私事说说也没有什么坏处。比如你的男朋友或女朋友的工作单位、学历、年龄及性格脾气等；如果你结了婚，有了孩子，就有关于爱人和孩子方面的话题。在工作之余，都可以顺便聊聊，它可以增进了解，加深感情。倘若这些内容都保密，从来不肯与别人说，这怎么能算同事呢？无话不说，通常表明感情之深；有话不说，自然表明人际距离的疏远。你主动跟别人说些私事，别人也会向你说，有时还可以互相帮帮忙。你什么也不说，什么也不让人知道，人家怎么信任你。信任是建立在相互了解的基础之上的。

有些私事不能说，假如同事的困难涉及到隐私，同事又恰好不愿意说。因隐私与个人的名誉密切相关，切莫议论这种事情，背后议论他人的隐私，会损害他人的名誉，引起双方关系的紧张甚至恶化，因而是一种不光彩的、有害的行为。

能说的人家自己会说，不能说的就别去挖它。每个人都有自己的秘密。有时，人家不留意把心中的秘密说漏了嘴，对此，你不要去探听，不要想问个究竟。有些人热衷于探听，事事都想了解的明明白白，根根梢梢都想弄清楚，这种人是要被别人看轻的。你喜欢探听，即使什么目的也没有，人家也会忌你三分。从某种意义上说，爱探听人家私事，是一种不道德的行为。

7. 成为谈论正面传闻的人

要当别人不在场时称赞对方，认同他人的贡献与付出。有研究显示，谈论正面传闻、夸奖他人的人会被认为是值得帮助的人，得到他人帮助的可能性比较高。

生活中，和别人的良好关系能够让你更加自信的面对生活，并让自己的生活充满幸福感。而在职场，和谐的同事关系，能够让你保持积极的工作心态，也有助于自己的成长和事业的进步。职场里，建立好的人人际关系是你走向下一个职业目标的重要方法和途径，而这个过程不可能一蹴而就，需要你有耐心付出，有能力承担，有机会分享，有可能晋升。

一个能够把持内心原则的人，才可以公平地去对待周边的人，一个相信别人的人才有宽广的心胸去接纳别人、成就别人，也才有机会成就自己，而这些，是建立和谐人际关系的前提条件。无论是在生活中还是职场里，和谐的人际关系都是你保持快乐心情的基础。

第五节
端正沟通态度，增强自身感染力

沟通是工作和生活中不可避免的，是人与人之间、人与群体之间思想与情感的传递和反馈的过程。正确有效的沟通是良好人际关系的开始。正确的沟通态度会促进和谐的人际关系，成功的人生也必定依赖有效地沟通。

心态是沟通的基本问题。每个人在沟通过程中，由于信任的程度不同，所采取的态度也不一样。如果你的态度不是一个端正、良好的态度，那么沟通的效果肯定是达不到预期效果甚至产生相反影响的。在与人进行沟通的时候，需要我们用“心”去体会对方的感受，琢磨对方的性格与心理承受能力，才可能达到我们沟通的目的。这要求我们要端正沟通的态度，从如何提高沟通效率、工作效能出发，加强与相关人员之间的交流。

在进行沟通时要注重沟通的方法，根据沟通对象的态度、知识、社会文化背景，排除各种障碍，正确使用沟通的艺术。在人际沟通中，成为一个受欢迎的人的前提就是要学会倾听，多用耳朵听少用嘴巴讲，至少是听在前面讲在后面。善于倾听不仅要表达自己的意见、想法，更重要的是要用心听对方所传达的信息，才能真正达到沟通的目的。

在沟通过程中，怀着一颗感恩的心、以诚待人、多想他人的长处、多赞美他人而不是盯着他人的某个短处或缺点紧抓不放，唯有这样才能与他人融洽相处、愉快合作，共同胜利或成功。真正能痛痛快快纳忠言的人几乎没有。俗话说顺的好吃，横的难咽，人们总是喜欢被赞扬，不喜欢被反对。只有懂得并善于运用赞同的艺术，我们就会成为一个受人欢迎的人，我们的沟通也会更加轻松。

在日常工作、生活中，我们也可以多运用一些非语言沟通，也就是说目光语和手势语。眼睛是人心灵的窗户，能明显、自然、准确地展示自身的心理活动。眼神是传递信息十分有效的途径和方式，不同的眼神可起到不同的作用。我们也需要读懂别人的非语言信息。学会读懂别人的非语言表达也是十分重要的。

最根本的，其实是态度决定一切。如果态度问题没有解决，沟通的效果就不到哪儿。在沟通过程中，根据果敢性和合作性的不同，我们分为以下五种不同的态度，让我们了解一下。

1. 以上示下的强迫性态度

这类人果敢性非常强，具有以上示下的权威话语权，缺乏合作的精神。如父母对小孩子、上级对下级，在这种强迫的态度下，沟通呈现一边倒的情况，实际是不容易达成一个共同的协议。比如一个母亲对孩子说：“你应该在晚上9点前完成作业。”这种权威性不容置疑，否则可能遭受惩罚。

2. 犹犹豫豫的回避性态度

在沟通中既不果断地下决定，也不和你主动去合作，那么这样一种态度叫回避的态度。给人的态度不明朗，模棱两可，使你无所适从。他总是回避着你，不愿意与你沟通，不愿意下决定，所以得不到一个良好的沟通结果。

3. 示弱的迁就性态度

具有迁就态度的人虽然果敢性非常弱，但是他却非常非常地能与你合作，他对你惟命是从，你说什么他都不反对。通常下级对上级往往采取一种迁就态度。当你与下级沟通的时候，你要注意：他的态度是否发生了问题，采取的是不是迁就态度。如果是，那么沟通就失去了意义，得不到一个正确的反馈。在父母和小孩沟通的时候，小孩也可能迁就的说好、行，因为一方有权力，一方没有权力。

4. 圆滑的折衷性态度

折衷性的态度要比迁就性态度果敢性有一些，合作性也有一些，他会看你脸色行事，然后非常圆滑和你商量，既不得罪你，也可能离办事的效果有一些距离，出现了折衷情况。

5. 真诚的共同合作态度

合作性在沟通过程中，需要有一个真诚的态度：既要有一定的果敢性勇于承担责任、下决定，同时又要有合作性，这样的态度才是合作性的态度，才能产生共同的协议。

要想具有合作态度首先需要双方都愿意说出所有的顾虑和担心的问题。你认为这个地方有问题，他也认为这个地方有问题，双方都能够毫无保留地说明自己所担心的问题和所遇到的困难。在平时的工作中，就如同是上级问下级：你觉得我们这个部门还存在哪些不足？他是否愿意说出来？只有你是合作的态度，才会说出所有你所担心的问题，这其实也是反馈。然后是双方都愿意积极地去解决这个问题，而不是互相推卸责任。有了共同解决的意愿后，就要付出行动，双方共同研究解决方案。共同研究不是一方告诉另一方，更不是一方命令另一方，而是双方共同研究一个很好的解决问题的方法。需要注意的是大家在沟通的过程中，对事不对人，就是谈论行为而不谈论个性。最后，双方达成一个双赢的协议，一定是一个考虑到双方利益的协议。

实际上在沟通的过程中，要想达到一个合作的态度是非常困难的，有说服也有拒绝。在平时的工作中，我们经常会和不同的人在沟通，那么只有我们的态度问题解决了，沟通才有可能成功。

特别是上下级之间更需要建立合作态度。当我们遇到了下级的时候，我们是采取一种强迫的态度呢？还是一种合作的态度？你作为公司的领导，如何使沟通中的所有参与者都保持一个良好的合作态度，尤为重要。如果对方的态度不是合作的，很有可能不能达到预期的沟通效果。当我们遇到客户、遇到供应商，如果你的态度不停地在改变，那么沟通效果肯定是不好的，同时也会让你感觉到工作中有非常大的压力，因为你在不断地调整你的态度。怎样使自己有一个良好的合作态度，这是沟通中非常重要的一点。

怀着一颗真诚的共同合作的沟通态度，可以使得我们工作效率提高，事半功倍，而做到这一切需要深厚的专业知识支撑、丰富的工作实践经验、良好的职业道德素养、坚忍不拔的工作作风。

在与人相处中“你很真诚——你在乎我——你重视我——你理解我——我信任你”等等，都说明一个问题：那就是与人相处的基本点是真诚，一个人只要行为真诚，总能打动人心，敞开心扉给人看，将心比心，对方会感到你信任他，从而消除戒备心理，回报以真诚。态度认真端正，情感真挚真诚，是一切沟通的基石，也是所有高情商人士的必修术。